T0107958

L'ANIMAL
SELON CONDILLAC

DU MÊME AUTEUR

Aux Éditions Vrin

Écriture et Iconographie, 1973

Pour une Théorie générale des Formes, 1975, 2e édition augmentée 2001

Une Épistémologie de l'Espace concret, 1977

Mémoire pour l'Avenir, 1979

Faces, Surfaces, Interfaces, 1982, 2e édition augmentée 2002

Le Nombre et le Lieu, 1984

Anatomie d'un épistémologue : François Dagognet, 1984

Philosophie de l'Image, 1984, 2e édition augmentée 1986

Rematérialiser, 1985

Éloge de l'Objet, 1989

Nature, 1990, 2e édition augmentée sous le titre *Considérations sur l'Idée de Nature*, 2000

BIBLIOTHÈQUE D'HISTOIRE DE LA PHILOSOPHIE

Fondateur : Henri GOUHIER   Directeur : Jean-François COURTINE

François **DAGOGNET**

L'ANIMAL
SELON CONDILLAC

Une introduction
au *Traité des animaux* de Condillac

PARIS

LIBRAIRIE PHILOSOPHIQUE J. VRIN

6, Place de la Sorbonne, Vᵉ

2004

© *Librairie Philosophique J. VRIN*, 1987

© 2004 pour l'édition de poche

ISBN 2-7116-1684-3

Imprimé en France

(ISBN 2-7116-0958-8 pour la première édition
contenant le texte du *Traité des animaux* de Condillac)

www.vrin.fr

Nous proposons et nous ne proposons que quelques « clés » susceptibles d'éclairer un texte de Condillac, le *Traité des Animaux* (1755) qui plonge dans le XVIIIe siècle et ses querelles assez complexes.

Il a été précédé de trois ouvrages, l'*Essai sur l'origine des connaissances humaines* (1746) et le *Traité des sensations* (1754) et entre les deux s'en intercale un, peut-être moins connu, mais capital, le *Traité des Systèmes* (1742). Et tous trois donnent un aperçu largement suffisant de la philosophie condillacienne.

Cette philosophie a surtout été déformée, puisqu'on va jusqu'à lui prêter le contraire de ce qu'elle pensait démontrer :

a) D'abord, on insiste beaucoup, à son sujet, sur l'hypothèse quasi didactique de « la statue », mais gardons-nous bien de la lui imputer : tous les théoriciens du XVIIIe, sans exception, y ont eu recours, Diderot, Buffon, Charles Bonnet et surtout Boureau-Deslandes : dans son *Pygmalion ou la Statue animée* (1741), ce dernier a justifié cette heureuse et utile métaphore : « Les enfants (…) de statues qu'ils étaient, deviennent raisonnables, écrit-il. D'abord, ils reçoivent des idées et des connaissances par leurs sens : ils voient, ils entendent, ils touchent, ils sentent »[1].

1. *Op. cit.*, Londres, 1741, p. 48.

Condillac ne l'emploie donc que par obligation : il nous informe même qu'il ne la doit qu'à son interlocutrice privilégiée, Mlle Ferrand qui l'a suggérée : « Pour remplir cet objet, nous imaginâmes une statue organisée intérieurement comme nous et animée d'un esprit privé de toute espèce d'idées »[1].

Un contemporain de Condillac le sait bien : Grimm, en effet, écrit, avec son acidité habituelle « que le pauvre Abbé de Condillac a noyé la statue de M. de Buffon dans un tonneau d'eau froide »[2].

b) On le tient aussi pour un « sensualiste », mieux, un « sensationniste » : on croit alors devoir rappeler que « l'idée d'odeur de rose » sert la première à animer son Pygmalion, mais, curieusement, Condillac a surtout mis en évidence, dans son *Traité des Sensations*, la pauvreté et l'insuffisance de l'odorat[3]. Ne le créditons pas de ce qu'il s'est ingénié à refuser ! Ou bien on lit le commencement de son analyse, sans prendre en compte sa réfutation.

Pour Condillac, la sensorialité constitue un ensemble extrêmement riche, mais qu'il faut apprendre à exercer, – le toucher, par sa mobilité exploratrice, jouera d'ailleurs le rôle d'instructeur.

---

1. *Traité des Sensations*, O.C. (1798), t. III, p. 49.

2. *Correspondance littéraire, philosophique et critique*, 1er novembre 1755, Paris, Garnier, t. III, p. 111.

3. Le problème de la « sensorialité » – y compris celui même du seul odorat – reste l'un des plus aigus et des plus évolutifs : l'œuvre de Condillac s'inscrit dans un large mouvement.

Mentionnons seulement que dans un bref « Essai sur la sociologie des sens », G. Simmel tient l'odorat pour l'un des sens que l'on subit (« L'odeur pénètre pour ainsi dire sous une forme aérienne dans les plus grandes profondeurs de notre être sensible », dans *Sociologie et épistémologie*, Paris, P.U.F., 1981, p. 237). On échappe difficilement aux odeurs, de même qu'aux bruits, à moins de se boucher le nez ou les oreilles. En revanche, on peut choisir de ne pas voir ou de regarder ailleurs.

c) On pense encore qu'empiriste, il a livré la guerre aux constructions philosophiques tenues pour arbitraires. Mais, le *Traité des Systèmes* devrait vite détromper.

S'il est bien vrai que Condillac combat le cartésianisme – une critique inlassable que le *Traité des Animaux* prolongera – c'est pour lui substituer une architecture plus solide, – non pas un cartésianisme évincé, mais seulement redressé et corrigé. Condillac, comme nous le montrerons, conserve tout de la métaphysique traditionnelle, sauf son point de départ et ce qu'il entraîne. Il prétend mieux appliquer sa propre méthode.

Pour lui, les classiques ne se sont pas assez souciés de leurs bases ; ils n'ont pas toujours lié suffisamment leurs propositions ; ils ont trop raisonné sur des principes douteux, de là, la fragilité et la vanité de leur échafaudage.

Les mots et les analogies ont favorisé la dérive : le *Traité des Systèmes* en donne des illustrations variées, ainsi, on compte sept notes de la gamme, sept couleurs, sept planètes. Il n'en a pas fallu plus pour qu'on s'attache à ces pseudo-équivalences, d'où certains ont conclu que les astres formaient sans doute « un chant divin » (l'harmonie céleste). Mais qui l'entendra ? On feint l'existence d'êtres supérieurs invités à se réjouir de ce concert supposé. On a bâti un pur roman, sur des rapprochements indus entre les sons, les teintes et les cieux.

Autre cas plus proche des futures analyses condillaciennes, – celui de l'aveugle qui croit comprendre « l'écarlate » : il l'assimile au « son de la trompette », pour reprendre l'argument de Condillac. Il blâme cette comparaison, cette sorte d'inférence. Il s'inspire ici visiblement de Locke : « Espérer de produire une idée de lumière ou de couleur par un son, de quelque manière qu'il soit formé, c'est se figurer que les sons pourront être vus ou que les couleurs pourront être ouïes et attribuer aux oreilles la fonction de tous les autres sens, ce qui est autant que si l'on disait que nous pouvons goûter, flairer et voir par le moyen des oreilles » [1].

En fait, Condillac en profite pour donner un coup de patte à Diderot qui célébrait ces généralisations, de même qu'il louait « le clavecin oculaire » du Père Castel, lequel tablait, lui aussi, sur le parallélisme possible des notes et des couleurs.

Condillac souhaite plus de rigueur dans la démarche philosophique : seule l'identité peut assurer des passages ou des extensions ; on ne doit pas trop se fier aux vagues ressemblances.

d) On accuse cette philosophie d'avoir diminué l'importance de l'activité psychologique et d'avoir tenté de tout expliquer en l'homme à partir de l'entrée en lui du monde extérieur, auquel chacun serait ainsi livré (la sensation et principalement l'impression, avec son cortège d'images appropriées, la table rase ou le cachet de cire). Le désir, la passion, l'attention, le jugement, la réflexion, peu à peu sortiraient de cette donnée subie (la réceptivité), qui seulement se transforme plus en nous que par nous.

Tout s'acquiert mais tout viendrait aussi de ce point de départ – la passivité – comme si on essayait de recomposer « l'intérieur » avec de « l'extérieur ». Et on veut pour preuve de cette interprétation la correction qu'apportera ultérieurement Maine de Biran qui rétablira « la conscience », antérieure au sentir : celle-ci l'activera et même le rendra possible. Il ne se pose plus avant nous, mais grâce à nous.

Il faut ne pas avoir lu Condillac pour lui adresser ce genre de reproche : il n'a pas tenu à « générer » le psychisme, puisqu'il se trouve au départ, déjà là, inséparable de la corporéité. Condillac n'a que cherché à mettre en évidence sa constitution, son odyssée : il a montré notamment comment il se forge peu à peu « un monde », qui ne coupera pas

---

1. *Essai sur l'entendement humain*, dans *Œuvres philosophiques de Locke*, trad. Coste, 1822, t. IV, p. 263.

entièrement ses liens avec ce qui a permis son élaboration (la sensorialité). Le langage devient le véritable univers de l'homme, de la conscience : les signes le condensent et l'organisent ; ils permettent sa « mise à distance » relative, ainsi que sa maîtrise. Le *Traité sur l'origine des connaissances humaines* s'attachera à élucider nos énoncés et leur histoire, comment ils nous continuent encore (le langage d'action, un socle pré-linguistique et naturel subsiste encore sous eux) mais aident aussi à notre dépassement, favorisant notre liberté.

e) On a encore soutenu que la philosophie de Condillac mêlait à des considérations psychologiques un souci logique, voire panlogique : au lieu de cet étrange amalgame, nous croyons voir dans son anthropologie le fruit de la méthode réflexive : il importe de tirer du « primitif » tout ce qu'il implique. On ne s'étonne pas alors qu'il associe à la « donnée première » (le *Je sens* qu'il met en œuvre) son propre et seul déploiement.

D'ailleurs, dans son *Traité des synonymes* (article « système ») Condillac écrit : « Chaque partie un peu composée est un système, l'homme est un système. Si donc on renonce aux systèmes, comment sera-t-il possible d'approfondir quelque chose ? Je conviens qu'en général les philosophes ont tort : ils font des systèmes, or, il n'en faut pas faire, il faut découvrir ceux que l'auteur de la nature a faits. Si l'on me dit que j'ai écrit contre les systèmes, je prie de lire mon ouvrage jusqu'au bout, quoi qu'il soit humiliant pour un écrivain de reconnaître qu'on ne le lit pas jusqu'au bout. Si du moins on lisait bien le commencement, on verrait que je ne rejette pas tous les systèmes ».

Cette citation suffit à dissiper les doutes : Condillac ne veut pas – relativement à l'homme tenu pour système – donner un système généralement arbitraire, mais il se garde bien de l'écarter, surtout s'il peut s'enraciner dans la nature même et partir d'elle. Il faut les deux : un commencement sûr, puis, la séquence de ses présupposés.

f) Quant au reproche de matérialisme, souvent lancé, il ne mérite pas qu'on le repousse, tant il va à contre-courant de tous les textes.

Condillac a seulement combattu les philosophies idéalistes et abstraites, au profit de la prise en compte de la sensibilité naturelle première : il se veut « expérimental ».

Comment, à partir de l'union de l'âme et du corps inséparables, construire peu à peu notre entendement et notre volonté ? Si tout est dans le germe, tout aussi, avec Condillac, se trouve dans la floraison.

Le *Traité des animaux*, sur lequel nous nous concentrons, se situe au milieu de cette philosophie, au cœur du système : il ne se propose assurément pas un examen éthologique des animaux (l'étude des mœurs), ni leur psychologie, ni une série de leurs divers exploits – rien de tel – mais Condillac répond à une question philosophique concernant l'homme, son âme même, sa nature, plus exactement ses opérations.

En effet, – outre que l'animal nous donne « un hyper-commencement », la vitalité inchoative, le socle de la nature –, si tout en nous-mêmes relève de cette « corporéité » incontournable, l'animal ne se distingue pas ou ne se distingue plus de l'homme : il faut donc lui accorder tout ce que nous nous sommes octroyé, ce que nous avons acquis – l'intelligence, les passions et les vices, le langage, la volonté.

C'est justement ce que réclame Condillac : le dernier chapitre du *Traité des Animaux* s'intitule d'ailleurs « De l'entendement et de la volonté, soit dans l'homme, soit dans les bêtes ». Est-ce possible, car il est exclu qu'on verse dans un quelconque romanesque ?

Il s'agit d'un défi, mais Condillac n'avait pas le choix : s'il se refusait à cette extrémité, son système s'effondrait.

Qui va gagner ? Sa construction théorique et ce qui en résulte ? Ou bien le réel, c'est-à-dire une bête qui ne se prêtera pas à ses remarques et glorifications, inhabituelles chez les philosophes, qui, en principe, n'exhaussent pas à ce point ce qu'on regarde comme stupide. En outre, comment traiter des animaux et de leurs possibilités, alors qu'on se refuse à un travail d'observateur ou de naturaliste ou même de simple descripteur ?

Dès les premières lignes, Condillac se démarque vivement tant de Descartes que de Buffon qu'il confond dans la même réprobation, après quoi, il exposera sa propre conception. Nous suivons évidemment cet ordre : nous commençons par rappeler ce que les deux philosophes blâmés ont écrit sur l'animal (chapitre I et II) ; nous recherchons ensuite les raisons de leur rejet par Condillac, particulièrement mordant (chapitre III), enfin, nous tentons d'expliquer et de mettre en lumière sa propre théorie, sa signification, ses enjeux, ses risques, voire sa validité (chapitre IV). Nous allons jusqu'à nous demander si Condillac a bien tenu ses promesses (Conclusion)[1].

---

1. Au cours de cette étude, nous nous efforçons de ne pas recourir – ou si rarement ! – à des textes postérieurs à 1755, c'est-à-dire, écrits après le *Traité des Animaux*. Nous nous référons à l'édition parue dans les *Œuvres choisies* de Condillac, en 1796.

N.B. En attendant la parution de l'édition scientifique du *Traité des Animaux* par Jean Gayon, dans le cadre des *Œuvres Complètes* de Condillac, à paraître aux éditions Vrin, nous avons ajouté entre crochets les références aux pages de l'édition posthume de 1798 ainsi qu'à celles du texte en poche (Paris, Vrin, 2004), notées par exemple [1798, p. 480 ; p. 128].

CHAPITRE PREMIER

LA DOCTRINE CARTÉSIENNE

Condillac s'acharnera contre le cartésianisme : le *Traité des Animaux* fonctionne d'ailleurs comme machine de guerre à son endroit. Il en prendra le contre-pied.

C'est que Descartes a trouvé dans le *Cogito*, selon Condillac, son prétendu fondement, mais pourquoi un départ aussi ambitieux, aussi abstrait et aussi incontrôlable[1] ?

---

1. Les critiques explicites à Descartes parsèment l'œuvre de Condillac, mais nous nous en tenons, en principe, aux textes antérieurs au *Traité des animaux*.

Or dans l'*Essai*, Condillac qui approuve la recherche du simple, d'un fond générateur et premier, tient le doute cartésien pour impraticable et en même temps insuffisant. (*Essai*, Seconde partie, section seconde, « De la Méthode », chap. III, « De l'Ordre qu'on doit suivre dans la recherche de la Vérité ») : « Douter si deux et deux font quatre, si l'homme est un animal raisonnable, c'est avoir des idées de deux, de quatre, d'homme, d'animal et de raisonnable. Le doute laisse donc subsister les idées telles qu'elles sont. (…) Nous ne sortirons d'incertitude qu'en consultant les idées qu'il n'a pas détruites. (…) Le doute de Descartes est donc inutile. Chacun peut éprouver par lui même qu'il est impraticable. (…) Si ce philosophe n'avait pas été prévenu pour les idées innées, il aurait vu que l'unique moyen de faire un nouveau fonds de connaissance était de détruire les idées mêmes pour les reprendre à leur origine, c'est-à-dire aux sensations » (*O.C.*, t. I, p. 493-494).

Pourquoi séparer d'entrée de jeu et à ce point un entendement et un réel qu'on ne pourra plus réconcilier, sauf par des artifices ? Condillac croit en une métaphysique concrète, sinon « positive », plus conforme à ce que les hommes éprouvent réellement.

Elle partirait d'une primitivité irrécusable – l'immersion dans la nature et la corporéité. Un « Je sens » existentiel remplacerait donc le « Je pense ». L'important *Traité des systèmes* le souligne inlassablement : « La nature, en nous organisant, a donc tout commencé ; aussi, ai-je démontré, dans ma Logique, qu'elle est notre premier maître dans l'art de penser » [1].

Plus exactement d'ailleurs, la philosophie de Condillac – cartésienne dans sa démarche et dans son esprit – consiste simplement à remettre Descartes les pieds sur terre. De là, ces trois citations empruntées à des textes de Condillac postérieurs au *Traité des Animaux* mais qui confirment encore son projet de renverser le cartésianisme :

a) Dans la *Logique,* après avoir traité des animaux, Condillac poursuit : « C'est cette nature qui commence et elle commence toujours bien, parce qu'elle commence seule. L'intelligence qui l'a créée l'a voulu ; elle lui a tout donné pour bien commencer. Il fallait que chaque animal pût veiller à sa conservation… » [2].

b) Autre thème condillacien, à coloration anti-cartésienne : l'hostilité à une méthode délibérée et mise en forme, avant même de découvrir. Les hommes ont d'abord trouvé ou réussi et ce n'est que par une réflexion récurrente sur ces succès

---

Ajoutons que Condillac s'accorde avec le principe méthodologique selon lequel il faut partir du simple (irrécusable) ; il l'a même défini, ou plutôt les critères de son identification : « Nous ne pouvons rien retrancher d'une idée simple puisque nous n'y distinguons point de parties et nous n'y pouvons rien ajouter tant que nous la considérons comme simple puisqu'elle perdrait sa simplicité » (*Id.*, p. 491).

1. *O. C.*, t. II, p. 397.
2. *O. C.*, t. XXII, p. 9.

qu'ils ont pu énoncer quelques principes heuristiques. On en revient par là toujours à la même remarque : l'importance du commencement et l'obligation de ne pas se couper de la réalité, mieux de la vitalité. « Les premières découvertes dans les sciences ont été si simples et si faciles, affirme l'*Art de penser* – que les hommes les ont faites sans remarquer la méthode qu'ils avaient suivie. Cette méthode était bonne, puisqu'elle leur avait fait faire des découvertes ; mais ils la suivaient à leur insu… »[1].

c) Enfin, selon la *Grammaire*, « Si elle (la nature) ne commençait pas, nous ne pourrions pas commencer nous-mêmes. Mais, quand elle a commencé, elle s'arrête ; contente de nous avoir mis sur la voie, elle nous laisse et c'est à nous d'avancer »[2].

Toute l'œuvre de Condillac est parsemée d'analyses (et d'illustrations justificatrices) liées à l'obligation d'un début incontestable, celui que la nature, mieux, notre constitution biologique (une sorte « d'être au monde ») nous offre, ce qui doit du même coup nous éloigner de constructions insoutenables et arbitraires. Non pas qu'on ne doive pas « construire », mais il faut s'assurer d'un sol ferme !

Or, cette métaphysique nouvelle, celle d'une nature matricielle, seule originaire et elle-même organisée, qui empruntera tant à Newton qu'à Locke, devait défendre, par voie de conséquence, la revalorisation de la vie animale, puisque, elle aussi, inséparable de besoins et d'une sensibilité, capable d'invention et d'idées mêmes abstraites, ainsi que le veut le *Traité des Animaux*… Par nécessité, Condillac se doit d'inverser et de contredire le dualisme cartésien, qui réduisait l'organique à une simple machinerie.

L'essence de l'âme, pour Descartes, tient dans le *Cogito*, la pure pensée ; il en conclut que l'animal ne saurait s'en

1. *O.C.*, t. V, p. 55.
2. *O.C.*, t. VI, p. 120.

prévaloir ; il en est dépourvu, ainsi que de toutes les facultés (la volonté, la sensibilité) regardées comme des attributs de la substance pensante ; il le ravale donc au rang d'un corps strictement matériel. Condillac inversera et renversera la thèse : l'animal, en conséquence, pense.

Ainsi les deux philosophies inséparables, en miroir et aussi symétriques que possible, se situent aux antipodes l'une de l'autre. La guerre s'engagera. Condillac, avec le *Traité des Animaux*, n'est pas le seul à la mener, mais, comme il l'affirme, beaucoup, au cours de cette controverse, négocient des « accords » ou des compromis, travaillent à des amalgames, alors qu'il maintiendra jusqu'au bout – comme Descartes – une thèse radicale.

Avant d'envisager ce qui peut étayer cette conception, nous nous devons d'examiner ce qui autorise la théorie de « l'animal-machine ».

Le problème se pose encore ainsi : peut-on ramener la vitalité à une suite d'engrenages ? Les êtres naturels se réduisent-ils à des jeux de roues, de tuyaux et de ressorts ?

Pourra-t-on départager sur ce point décisif, bien qu'exigu, les deux courants philosophiques hostiles ? Les Cartésiens ne manquent pas d'arguments ou d'armes en faveur de leurs « automates ». Et une immense littérature va d'ailleurs déferler sur ce sujet : elle occupe tant le XVIIe que le XVIIIe siècle. Et quelle bataille !

Ne schématisons pas trop ! N'oublions pas ce que quelques subtils interprètes ont définitivement établi, ainsi, Georges Canguilhem écrit : « La théorie de l'animal machine ne prend son sens que grâce à l'énoncé de deux postulats, que l'on néglige trop souvent de faire bien ressortir. Le premier, c'est qu'il existe un Dieu fabricateur, et le second c'est que le vivant soit donné comme tel, préalablement à la construction de la machine. Autrement dit, il faut pour comprendre la machine-animal, l'apercevoir comme précédée, au sens logique et chronologique à la fois, par Dieu comme cause efficiente et par le vivant préexistant à imiter comme cause formelle et finale. (...) On peut se demander si Descartes n'est pas ici plus près d'Aristote que de Platon »[1].

Cette juste interprétation enlève à l'animal-machine les risques de pauvreté et de simplification. En somme, Descartes ne retire pas à la bête (le castor, l'abeille, la pie, la fourmi...) son ingéniosité, mais il ne la lui accorde que par délégation : elle ne la contient pas tout à fait en et par elle-même, mais l'a reçue dans son propre programme du créateur, de l'*Artifex Maximus*. Le dispositif (le *hardware*) incorpore en quelque sorte un *software* qui en explique les réussites. Descartes les unit assurément, – l'un et l'autre, mieux, l'un dans l'autre – mais il ne les fusionne pas tout à fait, afin que soit encore mieux écartée une pensée de type scolastique, celle des entités qui n'expliquent l'obscur que par le plus obscur ou la chose par la chose (d'où, chez Descartes, la constante négation de l'âme végétative ou de la sensitive, ou de tout autre principe de mouvement et de vie, comme l'exige le *Traité de l'homme* qui n'admet que le sang et les esprits).

L'habileté ne vient donc à l'animal que du dehors ou d'en haut : Dieu la lui communique dans la mesure où il le construit ; du même coup, nous semble-t-il, l'homme ne saurait fabriquer un appareillage aussi complexe. On s'étonne presque que Descartes ait projeté « une perdrix artificielle qu'un espagneul ferait lever »[2].

Voici deux textes classiques de Descartes, souvent commentés, qui plaident en faveur de la « non-imitabilité » du vivant par l'homme : « A comparaison de la grande multitude des os, des muscles, des nerfs, des artères, des veines, et de toutes les autres parties qui sont dans le corps de l'animal, [ceux qui savent construire] considéreront ce corps comme

1. *La connaissance de la vie*, « Machine et organisme », Paris, Vrin, 2003, p. 139-140.
2. *Œuvres de Descartes*, A. T., t. X, Paris, Vrin, 1986, p. 232.

une machine qui, ayant été faite des mains de Dieu, est incomparablement mieux ordonnée et a en soi des mouvements plus admirables qu'aucune de celles qui peuvent être inventées par les hommes » (*Discours de la méthode*, Vᵉ partie).

La différence entre la bête et l'espèce de marionnette qui tenterait de l'imiter tient au nombre et à la complication des pièces. Ailleurs, Descartes insistera sur leur miniaturisation : des pores, des filtres, des filaments ou des conduits (communs aux plantes et aux animaux) tout à fait invisibles à nos yeux. Il faut donc admettre un écart d'importance entre nos agencements et ceux de Dieu.

Le second texte, une lettre au marquis de Newcastle (mais on note le même argument dans le *Discours*) insistera, afin de creuser le décalage, non plus sur le substrat organologique, mais sur les performances : « Je sais bien, écrit Descartes, que les bêtes font beaucoup de choses mieux que nous, mais je ne m'en étonne pas, car cela même sert à prouver qu'elles agissent naturellement et par ressorts, ainsi qu'une horloge laquelle montre bien mieux l'heure qu'il est que notre jugement. Et sans doute que, lorsque les hirondelles viennent au printemps, elles agissent en cela comme des horloges »[1].

---

1. *O. C.*, A. T., t. IV, p. 575. Descartes multiplie ici, les exemples : l'ordre que tiennent les grues en volant, l'instinct d'ensevelir leurs morts chez les chiens et les chats, etc. Dans sa lettre à Reneri pour Pollot d'avril-mai 1638, Descartes y revient : « L'industrie dont usent les hommes en leurs ouvrages est inférieure à celle que la nature fait paraître en la composition des plantes, en ce qu'elle remplit d'une infinité de petits conduits imperceptibles à la vue par lesquels elle fait monter peu à peu certaines liqueurs ».

Argument en sens opposé : « Si Dieu ou la nature avait formé quelques automates, ils les imiteraient (nos actions) plus parfaitement et seraient plus industrieusement faits qu'aucun de ceux qui peuvent être inventés par les hommes » (Correspondance Adam-Milhaud, t. II, p. 241).

Une fois de plus, le travail des artisans qui copient la nature ne saurait lui équivaloir : l'automate en sort déconsidéré et bien en deçà de la réalisation de Dieu.

Toutefois, cette machine corporelle, si bien composée, en dépit de ses succès, n'en échouera pas moins sur ou avec certaines opérations qu'elle ne pourra pas exécuter. Descartes exposera, à plusieurs reprises, l'importance de ce fossé qui sépare l'homme de l'animal, reproduisant d'ailleurs l'opposition entre la pensée et la seule étendue.

Le dualisme s'affirme de plus en plus, renforcé d'ailleurs par la Théologie : a) Dans sa Lettre-Réponse à Plempius, Descartes s'appuie, en effet, sur les Écritures : « Je crois fermement avec l'Écriture Sainte et j'ai clairement expliqué que "l'âme des bêtes n'est rien d'autre que le sang". (…) Le *Lévitique* dit expressément "Car l'âme de toute chair est dans le sang et vous ne mangerez le sang d'aucune chair, parce qu'il y a dans le sang l'âme de la chair" ; et de même, au chapitre 12, verset 13, du *Deutéronome* "Garde-toi seulement de ceci, de manger du sang, car le sang tient lieu d'âme" »[1]. b) Plus tard, un disciple, le Père Poisson, apportera encore du renfort : la Souffrance correspond à un châtiment ; or, incontestablement les animaux n'ont pas péché, donc ils ne souffrent pas ; ils n'éprouvent pas la douleur.

Mais, qu'est-ce qui prouve leur infériorité statutaire ? En quoi ces admirables machines restent bien des machines seulement ?

Pour Descartes, elles ne voient même pas comme nous. L'inspection suppose un jugement, des évaluations ; elles ne reçoivent donc au fond de leurs rétines que des impressions semblables aux nôtres, mais dont elles ne tirent pas les conclusions que nous pouvons former ; elles ne sentent même pas qu'elles voient. La conscience, par définition, leur en manque. (« Les bêtes, note Descartes, ne voient pas comme nous, quand nous sentons que nous voyons, mais seulement comme nous quand nous avons l'esprit ailleurs »[2]).

---

1. Lettre du 3 oct. 1637, A. et M., Lettre 120, p. 6-7.
2. *Id.*, p. 6.

La différence éclate surtout dans ou par le fait que l'animal ne parle pas. Seul l'homme peut recourir à des signes qui expriment sa pensée et sa liberté de construire des énoncés. Descartes va y insister. La querelle de « l'âme des bêtes » se focalise d'ailleurs sur celle du langage, que Descartes leur refuse. Non pas que l'animal manque des appareils nécessaires à la phonation ! « On voit que les pies et les perroquets peuvent proférer des paroles ainsi que nous et toutefois ne peuvent parler ainsi que nous, c'est à dire en témoignant qu'ils pensent ce qu'ils disent » (*Discours*, V^e partie). Partout Descartes reprend l'argument. Il est vain d'ajouter que Condillac, dans son *Traité des Animaux* s'opposera à cette thèse.

Distinctions capitales et critériologiques : l'animal assurément crie et traduit ses passions, ses mouvements ; à la rigueur, il mime la voix puisqu'on a appris à « une pie à dire bonjour à sa maîtresse », mais la parole n'appartient qu'à l'homme : elle le caractérise. Le fond du langage suppose le *logos* et celui-ci se révèle dans la phrase qu'on ne peut pas assimiler à un simple tas de mots et qui contient « un ordre » (la grammaire). En outre, l'homme varie ses propositions (les structures syntaxiques).

Descartes attribue ce privilège distinctif aux sourds et muets, bien qu'ils ne parlent pas, mais ils inventent des signes particuliers ; il l'accorde aux insensés (« il n'y a point d'hommes si hébétés et si stupides sans en excepter les insensés qu'ils ne soient capables d'arranger ensemble diverses paroles et d'en composer un discours »). Il la refuse « aux machines parlantes » (de style phonographique) parce qu'on ne doit pas confondre la voix véritable avec sa simple reproduction physique.

Le linguiste, Noam Chomsky, a largement commenté cette thèse de l'illimitation de la parole humaine, révélée par Descartes, qui échappe tant aux stimuli externes (le conditionnement) qu'internes (les passions). Il a insisté sur la richesse d'une analyse qui prend en compte « le côté créateur », par rapport à une mécanisation toujours limitée et surtout prévisible. Les systèmes d'échange entre les animaux frappent donc par leur stricte fonctionnalité et leur déterminabilité : « La raison humaine est un instrument universel qui peut servir en toutes sortes de rencontres, tandis que les organes d'un animal ou d'une machine ont besoin de quelque particulière disposition pour chaque action particulière »[1]. Cordemoy, note Chomsky, dans son *Discours physique de la parole*, aurait amplifié le point de vue original de Descartes : il développe, en effet, la conception d'une perpétuelle nouveauté syntaxique qui transcende toujours les dispositions préalables : avec peu de moyens (finis) l'homme-locuteur émet des phrases en nombre infini ; s'y ajoute encore le fait que les individus peuvent convenir de « signes nouveaux », sans rapport avec l'état qu'ils semblent désigner, afin de pouvoir communiquer avec leurs semblables : « Je puis convenir, pour citer Cordemoy que commente Chomsky, avec quelques-uns d'eux que ce qui signifie ordinairement une chose en signifiera une autre et cela réussit de sorte qu'il n'y a plus que ceux avec qui j'en suis convenu qui me paraissent entendre ce que je pense »[2].

Tout oppose la parole humaine aux moyens de communication strictement fonctionnels, immuables, en petit nombre, prévisibles, liés directement à ce qu'ils indiquent, sans cohérence interne, vu l'aspect ponctuel des sons émis.

Evitons aussi le roman de dialogues secrets ou inconnus, ainsi que le demande la lettre de Descartes à Newcastle ! « On ne peut pas dire qu'elles [les bêtes] parlent entre elles, mais que nous ne les entendons pas, car, comme les chiens et quelques autres animaux nous expriment leurs passions, ils nous exprimeraient leurs pensées, s'ils en avaient »[3].

1. La linguistique cartésienne, trad. 1969, p. 21.
2. Cordemoy, Discours, p. 10-11, cité par Chomsky, *op. cit.*, p. 26.
3. Lettre du 23 novembre 1646, A.T., t. IV, p. 575.

Les Cartésiens, nous semble-t-il, infléchiront la Doctrine et lui enlèveront du même coup une part de sa légitimité. Ils songent trop à lire directement, dans les seuls organes, l'essence de la vitalité : là où Descartes paraissait la déposer (grâce à Dieu), ils l'y inscrivent. Ils amorcent ainsi un début de traduction-trahison, qui conduit à des abus tels qu'ils permettraient d'expliquer, à leur tour, la réaction des animalistes à l'encontre des automatistes.

Pourrait cesser de valoir l'un des arguments de Descartes, selon lequel l'homme ne pourrait pas fabriquer tous les trucages imitatifs des « être naturels » trop complexes, trop nombreux et subtils ; ils défiaient la réalisation. Descartes maintenait une différence entre l'artificiel et le vivant, mais elle va tendre à s'effacer.

Les progrès dans la « faisabilité » intensifient la doctrine de la mécanisation, ce qui suscitera, par contrecoup, la rébellion condillacienne. Rohault, Antoine le Grand, Duncan, Dilly, etc. nombre de naturalistes et de médecins, tous traitent de la conduite des bêtes en tant que « machines animées » ; ils participent au durcissement, en même temps qu'ils multiplient les allusions à des prodiges que nous nous devons d'évoquer.

Descartes en connaissait assurément ; lui-même cite, entre autres, les jets d'eau ou les « statues » de la grotte de Saint-Germain en Laye : dès 1598, le florentin Thomas di Franchini, ingénieur chargé des eaux et fontaines de sa Majesté le Roi de France, avait installé des chefs-d'œuvre de mécanique hydraulique et dissimulé des tuyaux dans les rocailles : « Les étrangers n'y peuvent entrer [dans ces grottes], note Descartes, qu'en marchant sur certains quarreaux tellement disposés que, par exemple, s'ils approchent d'une Diane qui se baigne, ils la iront cacher dans des roseaux et s'ils passent outre pour la poursuivre, ils feront venir vers eux un Neptune qui les menacera de son trident ou s'ils vont de quelque autre côté, ils en feront sortir un monstre marin qui leur vomira de l'eau contre la face ou choses semblables »[1]. Ajoutons même à la description de Descartes qu'« au milieu de ce déluge se mouvaient aux sons de musiques diverses les automates de Franchini »[2]. Mais ces jeux d'eau et ces spectacles restent bien éloignés des constructions effectives que vont répandre les mécanologues.

L'« animal-machine » ne relève plus d'une simple vue philosophique, à la fin du siècle, et ne correspond plus à de seuls amusements (des machines de théâtre, des poupées ou des marionnettes) : il va se concrétiser et se perfectionner de plus en plus. L'idée cartésienne prendra forme.

Alfred Chapuis nous en convainc : au départ, ces artifices servaient surtout les fêtes, les divertissements, les décors illusionnistes (pour les représentations) : « Le XVIIe siècle connut de grandes pièces à machines, telle l'Andromède de Pierre Corneille (1650) "où, déclare celui-ci, tout est pour les yeux". Dans les estampes qui nous ont été conservées, on voit "deux Vénus" enlevant l'héroïne, puis, au deuxième acte, Persée, sur Pégase, son cheval ailé descendre du ciel pour délivrer Andromède que garde un dragon farouche »[3]. Mais on quittera bientôt ces frivolités.

Avant de revenir aux Cartésiens, qui accentuent le cartésianisme, en même temps qu'ils le tournent légèrement, nous croyons discerner et devoir analyser une évolution qui

1. *Traité de l'homme*, A.T., t. XI, p. 131. Le *Traité de l'homme* (A.T., t. XI, p. 213) énumère d'ailleurs les « machines merveilleuses » dont Descartes a pu être informé, ainsi, à travers Gaffarel (*Curiosités inouïes*, 1629) : « La mouche et l'aigle qu'on a vu de notre siècle voler dans Norimberg, (…) et un arc en ciel perpétuel, (…) des statues d'hommes et de femmes qui parlent, (…) des oiseaux qui chantent et qui volent, des lions qui hurlent, des chiens qui aboient ».

2. A. Chapuis, *Le Monde des automates*, Paris, 1928, p. 76.

3. A. Chapuis, *Les Automates dans les œuvres d'imagination*, Neuchâtel, 1947, p. 45.

transforme l'ambition des mécaniciens. La philosophie l'enregistrera et en subira les effets.

D'ailleurs, Vaucanson ne tardera pas. Avant le *Traité des Animaux*, il réalisa son si célèbre « canard volant »[1], qui barbotait dans l'eau, mangeait avec gloutonnerie, secouait la tête, déployait ses ailes (on a imité, pour citer Vaucanson, les cavités, les courbes, les trois os qui composent l'aile), mais surtout digérait les viandes qu'il avalait et allait jusqu'à rejeter les excréments consécutifs à une assimilation hâtive. Vaucanson avait aussi, – pour le Cléopâtre de Marmontel, il est vrai – fabriqué un « aspic » qui s'élançait en sifflant.

Dans sa lettre à l'Abbé Fontaine, Vaucanson le spécifie : « Les nouveaux automates que je compte exposer le Lundi de Pâques prochain (…) sont un canard dans lequel je représente les mécanismes des viscères destinés aux fonctions du boire, du manger et de la digestion. (…) Il allonge son cou pour aller prendre du grain dans la main, il l'avale, le digère et le rend par les voies ordinaires tout digéré ; tous les gestes d'un canard qui avale avec précipitation (…) y sont copiés d'après nature : l'aliment y est digéré comme dans les vrais animaux, par dissolution et non par trituration comme le prétendent quelques physiciens ».

Vaucanson présentera aussi à l'Académie des Sciences en 1738 son flûteur qui jouait de plusieurs airs. Ici encore, il ne s'agit pas d'un simple leurre, mais d'une anatomie vivante et mouvante, en exercice.

L'idée lui en serait venue à partir de la statue du Joueur de flûte du Jardin des Tuileries de Coysevox, qu'il aurait admirée. Vrai ou faux, nous le mentionnons cependant pour que, avant l'hypothèse pygmalienne de Condillac, si mal comprise et source de tant de commentaires aberrants, on compte a) la statue de pierre due à Coysevox, b) celle de Vaucanson

---

1. Se répandent, au début du XVIIIe siècle, les « animaux artificiels », ainsi le cygne artificiel de M. Maillard.

qui simule la vie (l'automate). Plus tard on y adjoindra celle qui s'animera elle-même, dès que l'âme active en aura pris possession, car « l'âme est dans le corps » selon le beau mot de Condillac dans le *Traité des Animaux* (« Je ne sens pas d'un côté mon corps et de l'autre mon âme : je sens mon âme dans mon corps », première partie, chapitre II).

On tentera, évidemment, de diminuer l'exploit de Vaucanson : « Beaucoup de gens ne voulaient pas croire que ce fut la flûte que tenait l'automate qui rendait les sons. On s'imagina qu'ils ne provenaient que d'une serinette ou d'un orgue d'Allemagne, enfermé dans le corps de la figure. Les plus incrédules furent bientôt convaincus que l'automate embouchait réellement la flûte, que le vent au sortir de ses lèvres la faisait résonner et que le mouvement de ses doigts formait les différents sons »[1].

On pourrait, il est vrai, nous opposer que Vaucanson appartient au XVIIIe siècle, mais avant lui le *Journal des Savants* traite « De la statue de fer qu'un prisonnier trouva autrefois l'adresse de faire aller par plusieurs détours au Palais du Roi du Maroc pour lui présenter à genoux une requête, après quoi elle revint à la prison… ». Il y évoque la tête de brique faite par Albert le Grand, qui proféra déjà quelques paroles. Ailleurs (M. Reiselius), on aurait réussi ce que Vaucanson fera plus tard bien mieux (grâce à l'arrivée du caoutchouc favorable à ces maquettes) « la circulation de tout le sang et des esprits ».

Mais distinguons, pour la clarté de l'exposé, en accord d'ailleurs avec J.-Cl. Beaune[2] dont nous nous inspirons a) l'androïde qui reproduit tous les gestes et actions de l'homme et b) l'animal-machine, à proprement parler.

---

1. Rigollay de Juvigny, *Les spectacles de la foire*, cité par Doyon et Liaigre, *Jacques Vaucanson, mécanicien de génie*, 1966, p. 40.

2. *L'automate et ses mobiles*, Paris, Flammarion, 1980.

Le corporel humain, même le plus délicat et le plus complexe, relève pour l'essentiel d'une étonnante machinerie : le flûteur (1738) en donnera la preuve la plus forte. *L'Encyclopédie* exultera et notera fort à propos à l'adresse des sceptiques : « Si cet article, au lieu d'être l'exposition d'une machine exécutée, était le projet d'une machine à faire, combien de gens ne la traiteraient-ils pas de chimère ? Quant à moi, il me semble qu'il faut avoir bien de la pénétration et un grand fonds de mécanique pour concevoir la possibilité du mouvement des lèvres de l'automate, de la ponctuation du cylindre et d'une infinité d'autres particularités de cette description » (Article « Androïde »).

La ressemblance entre l'homme et la machine va loin : non seulement on parvient à simuler toute la motricité ordinaire – les gestes les plus fins – mais on doit surtout s'attacher à reproduire la voix humaine (les têtes parlantes), même si le résultat laisse parfois à désirer. Le projet ne date d'ailleurs pas de cette fin du siècle. Déjà Mersenne y travaillait : « La lettre à Pereisc du 15 juillet 1635 affirme : Je m'occupe maintenant à trouver la manière de faire prononcer les syllabes au tuyaux d'orgues. J'ai déjà rencontré les voyelles a, e, o, et u, mais i me fait bien de la peine, et puis j'ai trouvé la syllabe vê et fê… Je tâche de faire faire un orgue qu'on puisse porter dans la poche partout où l'on voudra » [1].

Se multiplient parallèlement les boîtes à musique et les cylindres à picots, d'ailleurs *l'Encyclopédie* compte sur eux pour nous donner l' « harmonomètre » ou « le piano mécanique ». Les statues pourront non seulement répondre aux questions stéréotypées, mais pourrait tout autant chanter des mélodies.

---

1. D'après J.-Cl. Beaune, *op. cit.*, p. 165-166. – Plus tard, on discutera, car certains évincent « le rétrécissement de la glotte » au profit de la vibration des lèvres dans le phénomène de la phonation.

Qui peut le plus peut le moins ! L'animal machine – des oiseaux qui gazouillent dans leur volière, des chiens qui aboient ou des hirondelles qui volent –, confond par ses exploits et favorise donc cette ultra-mécanisation qui absorbe le vital, non moins que le comportemental.

Ce qui rend possible cette assimilation, que Descartes avait soutenue mais dont il réservait à Dieu la réalisation, vient, selon nous et logiquement, de l'évolution et des succès de la construction mécanologique ; ils rendent compte du changement d'orientation – trois d'entre eux principalement, à fond épistémologico-philosophique et comme si la physique pouvait ébranler la métaphysique même :

1) On use de plus en plus de montages auto-dépendants ou auto-entretenus, à l'égal du célèbre « régulateur à boules » de di Giogo : on sait brancher un mouvement sur un autre et de telle façon que le second contrôle ou parfois relance le premier qu'on a incité mais qui risquait de s'éteindre.

« Le baille-blé », connu dès le XVIe siècle, illustre déjà ce qu'on perfectionnera et augmentera : il s'agit d'un large entonnoir qui reçoit le blé à broyer, mais on l'a solidarisé à une pièce qui frotte elle-même contre la section carrée de l'axe de la meule ; celle-ci le secoue, alors, le grain tombe régulièrement. Le mouvement moteur de l'engin finit par régler la distribution.

Or, nous notons que le *Journal des Savants* décrit nombre de ces dispositifs modulaires qui se répandent, – telle cette chandelle qui, d'abord, grâce à un ressort qu'on a placé dans le tube qui la soutient, monte régulièrement au rythme de la bougie qui s'allège, et par là donne une lumière toujours vive. De plus, au début, il fallait « la moucher » et même avec ses doigts, puis on s'aide de ciseaux destinés à cet effet, bientôt on passe aux « mouchettes à ressort » mais on construit enfin un chandelier « qui se mouche lui-même » : toutes les heures, un système lui-même bien réglé, vient couper la mèche qui fumerait et régularise la flamme.

2) Autre innovation, le couplage « bielle-manivelle », qui, bien que conçu dès le XVᵉ siècle, était entravé autant par la difficulté de recourir à des matériaux appropriés indispensables (le fer) que par celle de l'assemblage des pièces mobiles. « L'attache de la bielle est généralement constituée par un simple anneau qui conserve difficilement sa position »[1].

Or dès le XVIIᵉ siècle, on vient à bout de ce problème et la machinerie en sortira révolutionnée : on parvient, en effet, à transformer un mouvement circulaire en un rectiligne alternatif de va et vient, et réciproquement. Il s'agit d'une espèce d'anamorphose motrice.

Les seules roues dentées se bornent à transmettre le mouvement reçu : en la circonstance, on en change la « forme ». Déjà Léonard de Vinci avait su en compliquer les fonctionnements, inventant aussi bien « le cric » que le « changement de vitesse » grâce à la superposition de plusieurs disques sur un même axe ; or, une lanterne tronconique se déplaçait facilement le long de celui-ci et s'engrenait à volonté sur l'une ou l'autre de ces roues étagées. Mais retenons surtout l'idée de la conversion du rectiligne en circulaire, le couple « bielle-manivelle ».

3) Surtout isolons la date de 1675, la mise au point du balancier-spiral par Huyghens, qui marque un tournant dans la fabrication de la « machine » la plus paradigmatique du XVIIᵉ siècle, l'horloge, d'où l'apparition consécutive de la « montre », la plus ingénieuse composition capable de résultats originaux. Descartes a souvent renvoyé à l'horloge, voire aux Jacquemarts ; désormais, après 1675, on se référera aux « montres », du moins, à celles qui fonctionnent réellement.

Elles transforment de l'énergie en des déplacements, eux-mêmes indicateurs de précisions chronologiques (la décomposition régulière de la marche du temps et sa maîtrise qui en

---

1. « L'essor du Machinisme », dans B. Gille, *Les Premières étapes du machinisme*, Paris, P.U.F., 1965, p. 29.

résultera : à ce seul titre, il s'agit bien d'un dispositif qui joint deux registres distincts, d'où un véritable parallélisme spatio-informationnel). Or, tous les Cartésiens devaient avoir recours à la montre nouvelle tant pour consolider leur conception d'un animal-machine que pour la réalisation de certains automates. Nous continuons aussi à soutenir la thèse d'un glissement de l'École, favorisé par les transformations et les exploits de la mécanique.

Nous rappellerons que l'horloge classique comporte au moins quatre éléments : a) une source d'énergie motrice (le barillet et sa fusée ont enfin remplacé les poids ; par là, on allège le système, délivré de sa sujétion à la pesanteur, puisque le ressort tendu se substitue à elle) ; b) des rouages qui transmettent le mouvement ; c) l'échappement qui harmonise et assure une égale discontinuité, « une roue dite de rencontre », perpendiculaire aux autres et au balancier, suspend, en effet, puis laisse « échapper » une dent et à nouveau l'arrête ; d) enfin et surtout le régulateur (au commencement, le pendule aux oscillations isochrones des horloges). Mais on ne peut pas ignorer qu'un tel ensemble fonctionne mal, surtout quant on l'applique aux « montres dites portatives ». La preuve ? La plupart d'entre elles, avant 1675, contiennent à l'intérieur, gravé sur le couvercle du bottier qui les enferme, un cadran solaire. On notait aussi des avances importantes qui suivaient le remontage, ainsi que des retards quand le ressort se détendait (la fusée compensait mal le jeu de ce ressort). Et quant à la sonnerie – sophistication de luxe assez vaine – elle participait à l'imprécision et à l'irrégularité du dispositif ; à preuve, cette scène du *Menteur* de Corneille (1642), à l'acte II, scène 5 :

> Ce discours ennuyeux enfin se termina
> Le bonhomme partait quand ma montre sonna.
> Et lui se retournant vers sa fille étonnée :
> Depuis quand cette montre et qui vous l'a donnée ?

Le malheureux amant dissimulé dans un placard, se trahit malgré lui, et le père de celle qui l'avait caché, est mis en éveil !

Or, la date de 1675 – la découverte de Huygens sur laquelle nous insistons – va modifier le système en lui assurant une marche désormais bien réglée : une minuscule et très fine lame d'acier, en forme de spirale, attachée par une de ses extrémités à l'une des platines de la montre et à l'autre à l'axe même d'une roue (sorte de petit volant) donnera enfin à cette dernière une oscillation avec égale périodicité : « Le ressort, écrit Huygens, lorsqu'on met une fois le balancier en branle, serre et desserre alternativement les spires et conserve, avec le peu d'aide qui lui vient par les roues de l'horloge, le mouvement du balancier en sorte que quoiqu'il fasse plus ou moins de tour, les temps de ses réciproquations sont toujours égaux les uns aux autres »[1]. Enfin nous échappons, par ce léger montage quasi-opposi-tionnel, au pendule et à sa perpendicularité : nous passons de l'horloge à la véritable montre dite de poche, bientôt munie de deux aiguilles (pour les heures et les minutes), de plus en plus « plate », alors que, préalablement, épaisses et lourdes, on les avait nommées « montres oignons ».

Suivra la « sonnerie à répétition » (1676), afin d'informer de l'heure même dans l'obscurité, ainsi que bien d'autres adjonctions qui permettent l'adéquation de cet instrument (le mesureur du temps) à sa fonction : ainsi l'élévation de la tem-pérature provoquait du retard, de même que sa chute donnait une avance d'environ onze secondes par degré et par jour ! L'acier s'amollit à la chaleur et se rigidifie avec le froid. Il fallait trouver un moyen d'annuler cette perturbation : au début du XVIIIe siècle, on eut recours (Le Roy) à un balancier bi-métallique coupé (laiton et acier) qui permettait de réduire et même de supprimer cette source de variation.

Et que d'autres trouvailles ! Ni la balance ni le levier ni les seuls tuyaux hydro-pneumatiques n'auraient pu construire

---

1. *Journal des Savants*, 1675, p. 68.

« ce merveilleux objectif ». Nous les devons, pour reprendre nos analyses : a) aux mouvements auto-régulés ; b) aux anamorphoses ou conversions du type bielle-manivelle (le va et vient en circulaire) ; c) enfin aux montages comme celui de l'acier (le spiral) qui se tend et se détend alternativement.

La biomécanique pourra triompher et les Cartésiens s'emploieront à briser les ultimes réticences. Se multiplient d'ailleurs, à partir de 1675, les ouvrages en faveur des automates et contre la prétendue âme des bêtes[1].

Ainsi le médecin Rohault réplique à un adversaire soupçonneux : « Je vois, affirmait celui-ci, qu'on remonte tous les jours une horloge et je ne vois point qu'on remonte la machine d'un chien. (…) Mais les bêtes, est-il alors répondu, ont leurs aliments, de sorte que nous pouvons dire qu'on remonte leurs machines toutes les fois qu'on leur donné à boire et à manger »[2].

Sur la même page, « toutes les machines ne se remontent pas de la même façon et n'ont pas toutes des contrepoids pour principes de leurs mouvements. Les montres de pochette ont leurs ressorts, certains tournebroches ont la fumée de la cheminée, les moulins ont l'eau et le vent, les thermomètres la chaleur ou la froideur de l'air ».

Régis, de son côté, avant qu'il n'abandonne le camp des Cartésiens intrépides et leurs excès (l'animal trop dégradé en

1. Limitons-nous à la période 1675-1682 ; on y remarque :
– Antoine Le Grand, *Dissertatio de carentia sensus et cognitionis in brutis*, 1675.
– Antoine Dilly, *De l'âme des bêtes*, 1676.
– Guillaume Lamy, *Explication mécanique des fonctions de l'âme sensitive où l'on traite de l'organe des sens, des passions et du mouvement volontaire*, 1677.
– Daniel Duncan, *Explication nouvelle et méthodique des actions animales*, 1678.
– *Id.*, *L'histoire de l'animal*, 1682.
2. Rohault, *Entretiens sur la Philosophie*, 1681, p. 153.

machine), s'en réfère, pour convaincre, à l'orgue, le second paradigme de l'arsenal de ces théoriciens : ne suffit-il pas d'effleurer les touches de cet instrument pour qu'on entende les sons les plus variés, sinon même une mélodie inconnue ? Le *Système de philosophie* précise cette comparaison : « Il n'y a rien en tout cela qui soit difficile à comprendre, si l'on se représente les orgues des Églises, car chacun sait comment les soufflets poussent l'air dans certains réceptacles qu'on appelle les portevents et comment cet air, de là, entre diversement dans les tuyaux selon les diverses façons dont l'organiste remue les doigts sur le clavier » [1]. On identifiera aussitôt l'ensemble sensoriel, de même que le moteur qui l'anime, à une machine pneumatique : un air subtil entre dans les muscles qu'il gonfle et, au passage, Régis pense réfuter l'hypothèse fermentative de Willis ; il ne peut pas concevoir comment une réaction chimique, bien que rapide ou explosive, pourrait l'emporter en célérité sur le fluide élastique qui court dans les tubes nerveux.

Le plus résolu et le plus étonnant, Antoine Dilly (*De l'âme des bêtes* où, après avoir démontré la spiritualité de l'âme de l'homme, l'on explique par la seule machine les actions les plus surprenantes des animaux, Lyon, 1676) va encore plus loin, afin d'enrôler : on maintenait, ici où là, que l'horloge – un argument souvent repris – suppose un ouvrier extérieur à elle et qu'elle ne saurait se réparer, alors que l'animal y parvient ; il suffit de mentionner les nombreuses régénérations, telle celle de la patte d'un triton ou d'une écrevisse. Or, Dilly, le spécialiste des machines les plus insolites et les plus stupéfiantes [2], évoque une « montre qui se montât en sonnant les heures et qui réparât en les marquant la perte d'une partie de la matière dont ses roues seraient composées » [3]. Il ne s'arrête donc pas à

---

1. *Système de philosophie*, t. II, p. 608.
2. Nous avons développé déjà et commenté ailleurs les thèses de l'intrépide A. Dilly.
3. A. Dilly, *op. cit.*, p. 186

l'objection qu'il croit réfuter à l'aide de sa néo-machine de la cybernétique. Il connaît, ou du moins pressent l'existence des servomécanismes !

Les Cartésiens, pour comprendre la vitalité, ses prouesses et notamment la psycho-motricité, au fil des années, abandonneront parfois le jeu des seuls ressorts et des rouages, au bénéfice d'autres « modèles » qui leur donnent encore plus de confiance en leur doctrine automatiste :

1) Daniel Tauvray – *Nouvelle anatomie raisonnée* ou les usages de la structure du corps de l'homme et de quelques autres animaux, suivant les lois des mécaniques (1690) renonce ouvertement au sang, aux esprits et à l'air. Il table sur la vibration des nerfs, des cordes tendues le long desquelles se propage à toute vitesse la moindre percussion. Il passerait d'une mécanique du choc (celui de l'air ou de l'eau dans la *machina hydraulica*) à celle de la transmission d'une onde.

2) Surtout la chimie de la fermentation et de l'échauffement consécutif entre en scène : grâce à elle, on explique que les particules les plus subtiles puissent être soulevées ; elles ouvrent alors les valves ou traversent des tamis. Bref, revient en force la conception des fièvres dans le pathologique, comme celle du feu de la vie.

3) Parallèlement, les Cartésiens n'ignorent pas l'essentiel, à savoir la révolution qui, à la fin du XVIIe siècle, s'esquisse dans les lieux du travail : la manufacture commence à céder la place aux premières fabrications industrielles. On vise à remplacer l'homme même, ses gestes, par des systèmes autonomisés.

Bouchon devance nettement Vaucanson et son Jacquard, dans le domaine du tissage [1] : on s'éloigne de la dentellière que nous recommandait Descartes parce qu'elle obéit à un ordre

---

1. Nous avons traité de cet historique dans *Rematérialiser*, Paris, Vrin, 1985, chap. III (« L'importance de Bouchon et Falcon qui précèdent Vaucanson »).

dans la fabrication de sa pièce. De même, la chalcographie, qui reproduit les dessins, dispense du « copiste ». Non seulement d'ailleurs la presse en taille douce autorise les tirages d'épreuves d'estampes, mais qui ne sait que l'ouvrier se borne parfois à suivre les contours (de l'objet sur une feuille de papier) qu'on y a préalablement projetés ? On diminue son importance ; à l'extrême limite, ou pourrait l'écarter : le spectacle ou le modèle se « déposerait » sur la plaque et l'acide ensuite l'y graverait.

Premiers Jacquards et estampes, l'automatisation gagne nos propres actions. Comment l'animal échapperait-il à l'emprise explicative ?

Ainsi le Cartésianisme impose-t-il une biomécanique envahissante. Nous soulignons que Descartes l'a favorisée : si, d'un côté, il réservait à Dieu seul la création des machines animées et si Dieu lui-même, selon la remarque de Georges Canguilhem qui nous a guidé, s'inspire du vivant en vue de le réaliser, d'un autre côté, Descartes désarticulait le fonctionnement corporel et en rendait compte à l'aide d'une anatomie rudimentaire (le sang et les esprits). La dite construction n'excédait plus nos forces.

Déjà, il est vrai, Salomon de Caus décrivait, en 1615, une machine qui prélevait son énergie au soleil (la chaleur) par le biais de lentilles et de miroirs ardents : elle mettait alors en action, utilisant la pression née de la vaporisation (les esprits), un jet d'eau. On pouvait comparer notre physiologie à une *machina hydraulica*.

Toutefois nous avons assisté à la « naturalisation » ou à la « réification » de la philosophie de Descartes.

Silhon lui reste fidèle et tous ne dévient pas : « Personne ne voudrait assurer que cette raison et ce discours [qui a fait l'ordre de cette machine] résidassent en quelque endroit de la montre et fussent attachés à quelqu'une de ses pièces et non à l'esprit de l'ouvrier qui en a fait le dessein et l'a exécuté selon son idée »[1].

Darmanson, plus tard, maintient bien la distinction : « Le mouvement si réglé d'une montre marque une intelligence qui en a si adroitement disposé les roues et les ressorts, mais qui en est entièrement séparée. Ainsi dans les animaux il n'y a ni intelligence ni âme comme on l'entend ordinairement »[2]. Il devait ajouter : « Je pourrais vous montrer qu'il n'y a de différence entre les machines artificielles et les naturelles qu'en ce que l'Auteur de la Nature est plus grand ouvrier que les hommes »[3].

Pourquoi l'écrivons-nous avec tant d'insistance ? Parce que le glissement qui s'est opéré va si loin qu'il suscitera vite une correction et encouragera l'antithèse[4].

1. *Immortalité de l'âme*, 1634, p. 444.
2. J.-M. Darmanson (un cartésien), *La bête transformée en machine*, s.l., 1684, p. 90.
3. Lettre écrite au R.P. Cossart, p. 183.
4. on peut envisager succinctement une interprétation originale ou plutôt un fructueux usage de la pensée cartésienne :

a) Descartes a donc comparé l'animal à une machine, mais créée par Dieu. Sa complexité dépasse du fait même nos artisans et nul ne s'avisera de le reproduire (l'automate et *a fortiori* l'androïde faustien).

b) Selon nous, les Cartésiens ont surtout glissé : ils ont trop cédé à l'assimilation et ont pensé pouvoir copier ces assemblages, puisqu'il ne s'agit jamais que de roues et de ressorts. La matière, en tant que telle, ne peut receler qu'elle-même : d'où l'exploit mécanicien et ce que nous avons appelé « la réification ». Qui nous empêcherait de construire et de solidariser les fragments ? La montre n'y réussit-elle pas, qui nous donne l'heure ?

c) Quelques cartésiens plus subtils ont pensé qu'au lieu d'identifier ainsi l'animal à une simple machine, on devrait davantage étudier l'animal, quelques-unes de ses activités, si bien conçues et effectuées, afin d'en extraire « quelques procédures » opérationnelles qui serviraient ensuite à complexifier nos instruments trop grossiers. On animaliserait nos appareils, au lieu de mécaniser les animaux.

Ainsi les instruments d'optique tâcheraient de s'inspirer de notre œil, dont ils calqueraient le fonctionnement ; de même, on fabriquerait des « prothèses », des bras artificiels (cf. schéma, il est vrai, tardif : une main et ses articulations, à partir des articles des bêtes. On peut supposer que le navire ou le voilier copie le

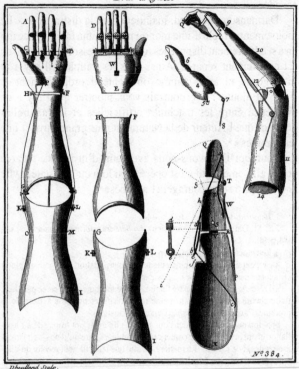

Bras artificiel.

N.º 384.

Dheulland Sculp.

corps de l'oiseau : la proue ressemble à son bec (les latins ont d'ailleurs donné le même nom à la partie antérieure du vaisseau animé comme de l'inanimé, selon Duncan, *Histoire de l'animal ou la connaissance du corps animé*, 1687, préface) – « Le gouvernail à la queue, les avirons aux ailes ("ils font les mêmes mouvements") qui, quelquefois feraient office de voile en recevant le vent qui les pousse par derrière » (préface de Duncan).

En toute hypothèse, la bionique est sans doute née à partir de là, à l'intérieur d'une compréhension avisée et heureuse du Cartésianisme.

CHAPITRE II

BUFFON

Le problème de l'animal, au début du XVIIIe siècle, ne concerne pas l'animal directement : ne le confondons pas avec une question d'éthologie (l'étude des mœurs des bêtes) ou de naturalisme, comme si on se préoccupait vraiment des abeilles, des fourmis, des castors et des éléphants, qui tous, d'ailleurs, ont été examinés de près mais pour d'autres raisons qu'eux-mêmes.

Il est une interrogation franchement métaphysique ; il est même et il n'est que le *Cogito*, vu à l'envers. Expliquons :

a) ou bien l'animal pense ; or, comme il a été défini par sa seule constitution physique – un assemblage complexe d'organes ou une anatomie – on devra donc admettre l'existence d'une «âme matérielle» et, corrélativement, on revalorisera une nature qu'on cessera de réduire à la seule spatialité. On lui accordera nécessairement des ressources et des capacités. Maupertuis, (un parmi plusieurs) saute carrément le pas : «Non seulement, écrit-il, on ne voit aucun péril à accorder à la matière quelque degré d'intelligence, de désir, d'aversion, de mémoire ; non seulement les premiers Docteurs de notre Religion n'ont point refusé l'intelligence aux bêtes, mais ils ont cru même matérielle cette intelligence qui leur rend l'homme si supérieur » (*Système de la nature*, § XIX).

b) Ou bien l'animal ne pense ni n'invente : dans ces conditions, il faut expliquer son comportement et son ingéniosité par des moyens biomécaniques. Première question, y parviendra-t-on, ainsi que l'ont cru les Cartésiens ? De plus, n'est-ce pas alors reconnaître au substrat des possibilités qui le dépassent ? Et si oui, ne retourne-t-on pas à la première hypothèse qu'on condamnait ? N'est-on pas enfermé dans un cercle ?

Cette antinomie ne surgit pas brusquement : dans les *Sixièmes objections aux Méditations* « faites par divers théologiens et philosophes », on entend déjà le même procès : d'abord, remarque tout à fait en marge, « le Concile de Latran a défini qu'on pouvait peindre les anges », d'où l'on tire la conséquence qu'on ne les séparera pas de leur corps ; on est obligé d'admettre que la pensée suppose un soubassement biologique « ou que les anges n'étaient eux-mêmes que des mouvements corporels » ; mais les animaux fournissent assurément le meilleur argument : « Il s'est trouvé de grands personnages et il s'en trouve encore aujourd'hui qui ne dénient pas la raison aux bêtes. Et tant s'en faut que nous puissions nous persuader que toutes leurs opérations puissent être suffisamment expliquées par le moyen de la mécanique, sans leur attribuer ni sens ni âme ni vie, qu'au contraire nous sommes prêts de soutenir au dédit de ce que l'on voudra que c'est une chose tout à fait impossible et même ridicule. Et enfin, s'il est vrai que les singes, les chiens et les éléphants agissent de cette sorte dans toutes leurs opérations, il s'en trouvera plusieurs qui diront que toutes les actions de l'homme sont aussi semblables à celles des machines ». Il apparaît nettement que de relever l'animal permet de protéger plus sûrement la pensée.

Reste la question : faut-il reconnaître aux bêtes une part d'inventivité ou sont-elles entièrement programmées à partir de leur propre organisation corporelle ? Le *Traité des*

Animaux, quant à lui, n'hésite évidemment pas : « Il est impossible de concevoir que le mécanisme puisse seul régler les actions des animaux » (première partie, chapitre IV).

En droit, peut-être, mais en fait ? Aussi les études, les observations et même les expériences, qui se multiplient encore plus qu'on ne le croit[1], ne portent que sur une question philosophique : l'animal ne sert que de prétexte afin qu'on puisse enfin préciser les prérogatives, les limites ainsi que le statut de la seule pensée. Le regard sur les animaux revient toujours à traiter de l'homme et plus encore de Dieu, parce que, nous le verrons, les théologiens entreront de plus en plus dans la polémique.

Le *Cogito*, au début du XVIIIᵉ siècle, sa cohérence, sa validité ou sa solidité, s'éprouve à travers son antithèse. Les nouveaux rationalistes, de style génético-empirique, comme Condillac – à la fois le plus cartésien et le plus anticartésien – préfèrent aborder par ce biais du négatif la question de l'intelligence, pour des raisons à la fois scientifiques et méthodologiques ; ils tiennent, pour mieux appréhender son essence et ses possibilités, à l'envisager à travers ses variations ou dans des cas-limites. La plupart manifestent un intérêt tout à fait en alerte à l'égard a) des déments (ils ont « eu » l'entendement mais n'en conservent probablement que des bribes) ; b) des idiots (l'ont-ils définitivement perdu ?) ; c) des enfants (ne sont-ils pas en train de l'acquérir ?) ; d) des sauvages (peuvent-ils, en dehors des stimulants sociaux ordinaires, le manifester ?) ; e) des déficients corporels (les aveugles ou les sourds et muets : leur handicap retentit-il sur leurs aptitudes ?). On privilégiera, avant tout, le degré zéro probable

---

1. On en trouve une bonne recension dans Hester Hastings, *Man and Beast in French Thought of the 18th Century*, Baltimore, The John Hopkins Press, 1936. – Le *Dictionnaire historique et critique* de Bayle, à l'article « Rorarius », donne aussi de très nombreuses indications.

ou le cas vraiment typique, celui de l'animal (est-il dépourvu d'esprit ?).

Nous savons bien que des enquêtes empiriques ne peuvent pas, par définition, trancher des options métaphysiques : attaquer la question sous cet angle ou avec cette méthode consiste déjà à la résoudre dans un sens ou à la perdre ; toutefois, la conduite animale, et, à travers elle, le statut de la vitalité embarrasse l'intellectualisme cartésien.

Il est vrai que, selon nous et sauf erreur, les difficultés frappent plus les Cartésiens que Descartes lui-même : d'ailleurs, ne reconnaît-il pas, dans ses *Réponses aux théologiens* qu'il n'a jamais dénié aux bêtes «une âme corporelle » ?

Il n'empêche que sur toutes ces interrogations Condillac contredira ou voudra contredire Descartes : il valorise en effet la sensation (le *Je sens* de la corporéité en exercice qui devient dans son Système le «fait primitif», la source de la vie psychique, ce dont on tirera les opérations ou facultés de l'âme[1]). Or, l'animal éprouve des «impressions», il sent, donc, il ne faut pas lui refuser la pensée, sinon, tout s'écroule. Le *Traité des Animaux* est écrit dans cette intention.

On notera au passage que de remanier le cartésianisme, qu'on maintient si fermement d'un autre côté, ne consiste ni à modifier l'ordre d'exposition de ses philosophèmes, ni même à l'inverser (surtout pas) mais à rebâtir un autre Système, avec un homme, un monde et un Dieu tout autres. Lorsqu'on change ou parce qu'on change l'assise ou une pièce d'une architecture, on la transforme de fond en comble ; les lois de la construction le laissaient d'ailleurs prévoir.

---

1. Selon l'*Extrait raisonné* du *Traité des sensations* : « Le principal objet de cet ouvrage (le *Traité des sensations*) est de faire voir comment toutes nos connaissances et toutes nos facultés viennent des sens ou, pour parler plus exactement, des sensations » (*O.C.*, t. III, p. 3).

Elles nous enseignent aussi que, dès qu'on parvient à se sauver d'apories, on se heurte immédiatement à d'autres : ainsi, on plaide pour l'existence d'une « âme des bêtes ». Toutefois, nul n'exigera pour elles un droit à la justice ou à l'éternité ; du même coup, il faut accepter que la dite âme, bien que non-matérielle, meure. Le *Traité des Animaux* n'hésite pas sur ce point, du reste, inévitable : « leur âme est mortelle » (seconde partie, chapitre VII). Certains théologiens s'en froisseront, mais nous ne signalons ici cette conséquence – une âme immatérielle qui ne peut pas survivre – qu'afin de soutenir la thèse selon laquelle le métaphysicien qui évite un écueil en rencontre vite d'autres bien plus périlleux. Effectivement les entraves vont couler à flot : voici l'une des plus surprenantes, largement développée par Maupertuis et que le XVIIIe siècle orchestrera.

Maupertuis traite sérieusement « du droit des bêtes et des devoirs envers elles ». Si on leur prête, en effet, une sensibilité, une pensée ou une âme, on ne peut plus tolérer pour elles un traitement cruel : on leur doit des égards. Inversement, lorsqu'on les réduisait à de purs automatismes, on pouvait aussi bien les « tourmenter » impunément que les tuer : « Si les bêtes étaient de pures machines – insiste Maupertuis – les tuer serait un acte moralement indifférent, mais ridicule : ce serait briser une montre »[1]. Maupertuis envisage sérieusement l'obligation pour les Européens d'une nourriture strictement végétarienne. D'ailleurs « des Nations entières ne vivent que de fruits, pour ne pas tuer d'animaux : on n'ose marcher sans prendre les plus grandes précautions de crainte d'écraser le moindre insecte. Dans notre Europe, on ne voit que meurtres ; les enfants s'exercent à tuer des mouches ; dans un âge plus

---

1. Maupertuis, *Œuvres*, nouvelle édition, Lyon, 1768, t. II, p. 256, lettre VI, « Du droit sur les bêtes ».

avancé, l'on crève un cheval pour mettre un cerf aux abois » [1]. Maupertuis déplore nos habitudes barbares et nos coutumes sanguinaires : elles ont étouffé les remords qui devraient suivre nos actes de carnassiers.

Non seulement les conséquences les plus inattendues surgissent, mais les théologiens, avons-nous remarqué, entrent dans l'arène : pourquoi s'opposent-ils aux Cartésiens qu'ils ont antérieurement défendus ? Pourquoi tiennent-ils à limiter l'irradiation, à leurs yeux néfaste, d'une philosophie si attachée aux valeurs chrétiennes (la spiritualité de l'âme notamment et son immortalité) ? Pourquoi, avec eux, la défense, assez surprenante, des animaux ?

C'est d'abord qu'ils s'avisent que cette métaphysique conduit au nécessitarisme : lorsqu'on admet la conception de l'animal-machine, on transforme Dieu en « horloger », d'une part, mais surtout – tel l'artisan qui construit et répare la montre – Dieu lui-même doit obéir, d'autre part, aux lois de la mécanique auxquelles il est enchaîné. Afin de rendre au Créateur son autonomie, il importe de libérer les créatures et de les arracher au carcan dans lequel on les a enfermées ; sinon, l'idée de Dieu perd de sa crédibilité, de son importance et même de son sens. A quoi sert-il ? On glisse vers le panthéisme, la toute-puissance de la nature (un succédané du spinozisme).

De plus, les Cartésiens ont commis, à leur insu, une grave erreur – la descente vers la réalisation ; alors, à s'imaginer qu'un montage organologique puisse effectuer les actions les plus rusées de l'animal, ils ont, *volens nolens*, élargi les mérites de la matérialité ou de l'attirail ; et on basculera vite dans l'hypothèse voisine : pourquoi un appareillage plus sophistiqué ne rendrait-il pas compte du psychisme et de ses exploits ? Ceux-ci semblent d'un ordre supérieur, mais on parvient à réduire les écarts. Il suffit, au lieu de se porter aux

1. *Ibid.*, p. 253.

extrêmes, de prendre en compte la situation médiane : « Ne faut-il pas, écrit Bayle, qui sait mettre de l'huile sur le feu, qu'on suppose que l'âme d'un chien ou d'un singe est moins grossière que celle d'un bœuf ? En un mot, s'il n'y a qu'une âme spirituelle qui puisse produire les actions d'un gros lourdaud de paysan, je vous soutiendrai qu'il n'y a qu'une âme spirituelle qui puisse produire les actions d'un singe et si vous dites qu'un principe corporel est capable de produire tout ce que les singes font, je vous soutiendrai qu'un principe corporel pourra être cause de tout ce que font les gens stupides et que pourvu que l'on subtilise la matière et qu'on la dégage de ce qui s'appelle terrestréïtés, phlegmes, etc., elle sera cause de tout ce que font les habiles gens » (*Dictionnaire*, article « Rorarius »).

On croit entendre ici les échos du gassendisme, qui déjà remarquait qu'avec des haillons on a fabriqué de beaux papiers, qu'avec de la cendre on a pu obtenir des glaces de Venise ou qu'avec de l'herbe on s'est donné de fines dentelles : de même, l'habileté des animaux résulterait du jeu d'atomes subtils et surtout mobiles.

En toute hypothèse, le matérialisme sort bien du spiritualisme trop absolutisé : pour n'avoir rien accordé à la corporéité, afin de mieux préserver la pureté de la pensée, on finit par succomber sous ses coups et par devoir lui restituer son importance. La corde casse d'avoir été trop tendue ! Aussi les théologiens, conscients de cet inévitable renversement philosophique, tiennent-ils à rendre à l'univers sa contingence ; ils s'empressent surtout de redonner aux bêtes – au centre du drame – ce dont on les a privées, leur industrie, l'initiative de leur comportement, un peu de liberté. Mieux vaut la partager avec elles, que de la perdre précisément à cause d'elles, trop abaissées. Mais, s'il le faut, est-ce possible ?

Nous l'avons déjà signalé, ce qu'on va gagner d'un côté, on l'abandonnera aussitôt de l'autre : la nouvelle théorie accumule les complications et soulève des objections quasi dirimantes. Le problème de « l'âme des bêtes » n'est donc pas pour autant réglé : le texte de Condillac, le *Traité des Animaux*, cherche même à nous sortir de ces multi-impasses. Y réussira-t-il ? C'est bien une des interrogations majeures qu'il soulève.

Se confirme encore l'idée selon laquelle ce qui a trait aux insectes ou aux singes concerne l'homme et plus encore Dieu, nullement l'animal en tant que tel. On ne tombera pas dans le piège : lorsqu'on nous entretient de la prudence des fourmis ou de la finesse du renard et surtout du langage des abeilles, on règle, avant tout, une question ou une dispute théologique.

Donnons au moins deux des demi-hérésies ou deux des nouvelles controverses dans lesquelles les théologiens s'engagent, pour avoir renoncé à la philosophie assurément plus satisfaisante de l'animal-machine :

a) Le mal, la souffrance résultent indiscutablement du péché originel ; on les tient pour des châtiments. On innocente facilement Dieu, dont on proclame la bonté infinie. Or, les bêtes, privées de liberté, sinon même de connaissance, n'ont point fauté, donc elles ne sauraient souffrir, ce que les Cartésiens soutenaient et devaient d'ailleurs soutenir, mais ce que leurs adversaires ne peuvent pas maintenir : ils ont tenu à leur conférer la sensibilité. Du même coup il faut accuser Dieu d'injustice ou alors d'impuissance : il n'aurait pas dû tolérer l'affliction ou la peine des innocents. « Dieu étant juste, la misère est une preuve nécessaire du péché, d'où il s'ensuit que les bêtes n'ayant point péché ne sont point sujettes à la misère, or, elles y seraient sujettes si elles avaient du sentiment, donc elles n'ont point de sentiment »[1].

On imagine mal le nombre de solutions qu'on avancera pour colmater la brèche : certains sont allés jusqu'à un paradis, qui dédommagerait les animaux après leur mort violente, mais Arnauld les blâme sévèrement : « Quand on leur demanderait pourquoi Dieu voulait qu'un rat innocent fut déchiré par un

---

1. *La bête transformée en machine.*

chat, ils répondaient que Dieu l'avait ordonné ainsi, mais qu'il récompenserait ce rat dans les siècles à venir. Cela était fort ridicule qu'il y ait un paradis pour les bêtes » [1]. Le *Traité des Animaux* cherchera précisément une issue : Condillac, non moins que Descartes, tient à disculper Dieu, mais sans devoir pour autant ravaler les bêtes à des machines.

b) Autre drame : les âmes des bêtes, immatérielles par définition, n'entrent donc pas dans l'éternité et Condillac se rangera à ce point de vue. Il faut admettre leur disparition définitive après leur mort. Donc « ces âmes retournent dans le néant dès que les bêtes cessent de vivre : où est donc la constance de Dieu ? Il crée des âmes et les anéantit bientôt. Il n'en use pas de même à l'égard de la matière ; il ne la détruit jamais ; il conserve donc les substances moins parfaites et détruit les plus parfaites. Cela est-il d'un agent sage ? » [2]. On cherche bien à frapper Dieu à travers sa création animale. Ultime question, le soustraire à ces attaques, élever également l'homme et sauver aussi l'animal de l'écrasement mécanique, tout cela est-il possible ? Le *Traité des Animaux* de Condillac tentera de s'y employer.

Lorsqu'une querelle s'envenime et prend une telle importance, il faut s'attendre à des affrontements, à des excès, mais aussi à des remaniements ainsi qu'à des essais d'armistice. Effectivement, nous entrons dans un ensemble philosophique très embrouillé. Le *Traité des Animaux* l'affirme lui-même et considère d'ailleurs Buffon comme un spécialiste du compromis et de la confusion [3].

---

1. *Dictionnaire* de Bayle, article « Rorarius ».
2. *Ibid.*
3. Dans le *Traité des Animaux*, p. 448, on lit : « Il y a trois sentiments sur les bêtes. (…) On dirait que M. de Buffon considérant qu'il ne pouvait se déclarer pour aucune de ces opinions, sans choquer ceux qui défendent les deux autres, a imaginé de prendre un peu de chacune », [1798, p. 480 ; p. 128].

On a parfois comparé certaines métaphysiques du XVIIe siècle à des forteresses : les philosophies du XVIIIe donnent une impression bien différente, non celle d'édifices robustes, mais d'un paysage liquide (de là, des théories molles), où se mêlent les eaux, les terres et les cieux. En effet, les doctrines se fondent parfois, évoluent, s'empruntent mutuellement leurs arguments en même temps qu'elles s'opposent entre elles assez violemment ; corrélativement, elles s'accusent souvent d'emprunts ou de plagiats. D'ailleurs le *Traité des Animaux* naît en partie, à lire Condillac, de l'accusation injuste portée contre lui et selon laquelle il se serait inspiré de Buffon dans son précédent *Traité des sensations* (1754). Il entend donc se démarquer de cette philosophie qu'il ne partage assurément pas.

Après avoir essayé de montrer les enjeux de ces confrontations, nous sommes obligé d'entrer dans cet enchevêtrement des thèses et des argumentations. Nous nous en tiendrons au principal ; nous tenons surtout à mettre en lumière le point de vue général de Buffon sur l'animal et sur l'homme, puisque Condillac l'a pris à partie d'un bout à l'autre de son Traité. Toutefois, afin de le bien saisir, il nous faut rappeler ceux que Buffon, à son tour, a lui-même rejetés, au moins deux d'entre eux : La Mettrie et Réaumur.

L'histoire des idées nous permet ici d'assister à un mouvement pendulaire : on va tellement loin d'un côté qu'on doit ensuite rejoindre son opposé. Buffon cherchera à adopter et à défendre une position moins outrée, plus stable, mais Condillac montrera les inconvénients et l'impossibilité de sa réponse.

Demeure la question de savoir si on peut résoudre l'énigme d'une théorie de l'animal qui ne le sacrifie pas et qui ne retentisse ni sur l'homme ni sur Dieu.

La Mettrie, qu'on considère comme un épouvantail, ne surgit pas sans raison au XVIIIe siècle (*l'Homme-machine* de 1747 sera interdit et même brûlé) : il prolonge et extrapole le cartésianisme des Cartésiens qui, selon nous, déjà déviait. Il précipite donc un glissement en cours. D'ailleurs, La Mettrie, même si on ne peut guère admettre sa revendication-annexion, affirme qu'il recopie Descartes ; il se débarrasserait seulement de sa timidité ou de ses précautions : « Quoiqu'il (Descartes) chante sur la distinction des deux substances, il est visible que ce n'est qu'un tour d'adresse, une ruse de style, pour faire avaler aux Théologiens un poison caché à l'ombre d'une analogie qui frappe tout le monde et qu'eux seuls ne voient pas. (…) Etre machine, sentir, penser, savoir distinguer le bien du mal (…) et n'être qu'un animal sont des choses qui ne sont pas contradictoires » [1]. Quelques lignes plus loin et sur la même page : « Je crois la pensée si peu incompatible avec la matière organique qu'elle semble en être une propriété, telle l'électricité, la faculté motrice, l'impénétrabilité, l'étendue, etc. ». Au passage, reconnaissons que l'existence de deux âmes – une sensitive et matérielle d'un côté, et de l'autre une immatérielle et donc immortelle – la solution de la dualité a toujours paru à La Mettrie un artifice destiné à échapper à l'Inquisition. Beaucoup ont adopté cette esquive (Willis notamment), que La Mettrie dénonce. Il prête à Descartes le même stratagème avec un dualisme encore plus accentué et donc plus protecteur, celui de l'âme et du corps qui redouble celui de l'homme et de la bête. Il n'y voit qu'une habileté.

Laissons cette interprétation peu crédible. Ne retenons de la pensée de La Mettrie (son *Traité de l'âme*, *L'Homme-machine*, *Les animaux plus que machines*) qu'on a d'ailleurs abusivement simplifiée, que sa seule conception de l'animal qu'il a assimilé à l'homme, à moins qu'il n'ait davantage rapproché l'homme de l'animal jusqu'à les confondre. « L'homme est au singe, aux animaux les plus spirituels, ce que le pendule planétaire de Huyghens est à une montre de

1. *L'Homme-machine*, dans *Œuvres philosophiques*, Berlin, 1774, t. 1, p. 348.

Julien Le Roi. S'il a fallu plus d'instruments, plus de rouages, plus de ressorts, pour marquer les mouvements des planètes que pour marquer les heures ou les répéter, s'il a fallu plus d'art à Vaucanson pour faire son *flûteur* que pour son *canard*, il eût dû en employer encore davantage pour faire un *parleur*, machine qui ne peut être regardée comme impossible »[1].

Par tout un pan de sa philosophie, La Mettrie travaille donc à cette assimilation, bien qu'il n'ait jamais nié la différence, loin de là : « Si la même farine a été employée, elle n'a point été pétrie de la même façon, la dose ou la qualité du levain n'a point été partout précisément la même »[2]. La Mettrie use aussi de preuves moins métaphoriques et donc assez frappantes. Ainsi « L'homme est de tous les animaux celui qui a le plus de cerveau et le cerveau le plus tortueux, en raison de la masse de son corps, ensuite, le singe, le castor, l'éléphant, le chien, le renard, le chat, etc. (…). Voilà les animaux qui ressemblent le plus à l'homme. (…) Je conclurai (…) de ces incontestables observations que plus les animaux sont farouches, moins ils ont de cerveau, que ce viscère semble s'agrandir en quelque sorte à proportion de leur docilité »[3]. On jugera bien médiocre cette inférence, mais ne croyons pas prendre en défaut si facilement ce clinicien perspicace ; il n'ignore pas la macro-céphalie des idiots : « Il faut, note-t-il, que la qualité réponde à la quantité et que les solides et les fluides soient dans cet équilibre convenable qui fait la santé. Si l'imbécile ne manque pas de cerveau, comme on le remarque ordinairement, ce viscère péchera par une mauvaise consistance, par trop de mollesse par exemple. Il en est de même des fous »[4].

---

1. *Ibid.*, p. 345.
2. *Les animaux plus que machines*, dans *Œuvres philosophiques*, *op. cit.*, t. II, p. 74-75.
3. *L'Homme-machine*, *op. cit.*, p. 299.
4. *Ibid.*, p. 300.

La Mettrie a aligné de nombreux arguments – d'ordre psychophysiologique, ou médical ou comportemental – en faveur d'un rapprochement entre l'homme et l'animal, qui ne supprime d'ailleurs pas une relative mais franche inégalité. Nous nous contenterons d'en mentionner trois, parce qu'on les rencontre toujours au milieu de la discussion qui divise les philosophes du XVIIIᵉ siècle :

a) On a cru découvrir la ligne de partage qui éloigne l'un de l'autre l'homme de la bête – la parole ou le langage. La Mettrie tente de l'effacer : Condillac, comme Buffon, reviendront sur ce critère.

Est-ce que l'animal pourrait s'exprimer par des signes ? La Mettrie se devait de croire en cette éventualité. Elle n'aurait été réfutée, selon lui, que sur la base de tentatives mal conçues, destinées à imposer alors l'échec : il faudrait « un grand singe préférablement à tout autre » mais surtout qu'il ne soit ni trop vieux ni trop jeune, or, « ceux qu'on apporte en Europe sont communément trop âgés ». Il conviendrait encore d'expérimenter sur le plus doué d'entre eux, le plus semblable à nous, ne le confier qu'à un maître d'exception. Il faudrait réunir bien d'autres conditions, du temps et des moyens. « Serait-il impossible d'apprendre une langue à cet animal ? Je ne le crois pas », affirme La Mettrie.

Suivront des considérations drolatiques ou sophistiques, celles de philosophes qui parlent sans savoir ce qu'ils disent, opposés à des animaux taciturnes, mais qui n'en penseraient pas moins. « Les animaux ne feraient-ils point de même que des gens spéculatifs, plus raisonnables que raisonneurs et aimant beaucoup mieux se taire que de dire une sottise ? »[1].

En outre, la légende prend le pas sur l'observation : selon une communication à l'Académie des Sciences, « Leibniz dit avoir vu et entendu un chien qui parlait, à qui l'on n'avait commencé d'apprendre à parler qu'à trois ans. Ce chien

---

1. *Les animaux plus que machines*, t. 2, p. 73.

savait prononcer une trentaine de mots, tels que thé, café,
chocolat, etc. ».

b) Autre indice en faveur de l'éloignement des uns par
rapport aux autres, mais que La Mettrie remet en cause : on
affirme la bête dépourvue de jugement moral, incapable du
bien et du mal.

A ce sujet, La Mettrie se déchaîne : il se plaît à mentionner
les nombreux actes de barbarie – individuels ou collectifs –
propres aux hommes, telle cette femme qui, dans une sorte de
fureur et d'étourdissement, égorgea ses propres enfants et les
mangea ; en revanche, La Mettrie discerne l'empreinte de
la vertu et de la bonté, qui ne suppose ni législation ni
éducation, chez cette chienne, par exemple, qui, ayant par
mégarde mordu son maître, a « paru s'en repentir. On l'a vue
triste, fâchée, n'osant se montrer, s'avouer coupable, par un air
rampant et humilié » [1]. Non seulement la perversité et la
méchanceté caractériseraient l'homme, mais celui-ci perd
souvent de vue « la loi naturelle », alors que l'animal ne la
quitte pas : on va donc jusqu'à le regarder comme plus sage,
plus régulier, davantage soumis aux vrais principes. La
comparaison tourne à son avantage !

c) Enfin La Mettrie ne cesse pas de revenir sur les
performances des uns et des autres : il puise dans un vieux fond
commun aussi bien aux stoïciens qu'aux gassendistes, autant
dans Montaigne que dans La Fontaine (Le *Discours à Madame
de La Sablière*). Ainsi, mettez un enfant avec un animal au
bord d'un précipice, le premier seul risque de tomber et de se
noyer, nullement le second. Ou encore « Faites briller pour la
première fois la lumière d'une bougie aux yeux d'un enfant ; il
y portera machinalement la main comme pour savoir quel
nouveau phénomène il aperçoit. (…) Voyons encore ce chien
et cet enfant qui ont tous deux perdu leur maître, l'enfant
pleure, il ne sait à quel saint se vouer, le chien mieux servi par

---

1. *L'Homme-machine*, *op. cit.*, p. 317.

son odorat que l'autre par la raison, l'aura bientôt trouvé »[1].
Soumis aux mêmes épreuves, l'un triomphe nettement où
l'autre échoue.

La Mettrie ne s'en étonne pas, tant il a gorgé « le substrat
organisationnel» ou le simple corps de possibilités (un
biodynamisme). Leitmotiv, «la matière s'avère capable de
penser ». Or, elle-même consiste en simples arrangements. La
Mettrie continue à soutenir le rapprochement avec la montre,
toutefois, il enrichit notoirement la comparaison. «Le corps
humain est une horloge, écrit-il, mais immense et construite
avec tant d'artifice et d'habileté que si la roue qui sert à marquer les secondes vient à s'arrêter, celle des minutes tourne et
va toujours son train ; comme la roue des quarts continue de se
mouvoir et ainsi des autres, quand les premières, rouillées ou
dérangées par quelque cause que ce soit, ont interrompu leur
marche »[2]. L'instrument évite donc ce qui semblait le limiter,
la défectuosité ou même, en partie, l'usure. S'il ne se répare
assurément pas lui-même, il échappe à certains accidents,
autre façon de glorifier l'appareil et de minimiser l'horloger.

Une telle amplification (celle d'un biodynamisme qui
consiste à ramener les actes supérieurs à la vie sensorielle,
puis, celle-ci à son substrat organologique), une semblable
valorisation de la matière animée capable de penser ne peut
que semer l'alarme : théologiens et philosophes se hâtent de
passer à l'antithèse. La guerre redouble.

On se centrera sur deux propositions :

a) la différence entre l'homme et la bête – non pas de degré
mais de nature – ne peut pas être effacée.

b) L'animal échappe aux explications réductrices.
Abandonnons enfin le recours à l'horloge (ou la fin de l'animal
artificiel) !

1. *Ibid.*, p. 316.
2. *Ibid.*, p. 346.

La seconde thèse entraîne d'ailleurs la première et en décide, comme nous l'avons déjà vu : en effet, si l'activité affective ou sensorielle se réduit à un dispositif corporel, la doctrine qui fonde la vie de l'âme sur la même sensibilité glisse fatalement vers le matérialisme. Pour sauver l'homme, il faut empêcher l'automatisation ou la mécanisation à outrance, d'autant qu'on est persuadé que l'homme et la bête se ressemblent.

Réaumur devait participer à cette véritable croisade, notamment à travers ses importants *Mémoires pour servir l'histoire des insectes* (1734) : ajoutons-y non pas tel ou tel, mais une troupe de naturalistes et de théologiens, l'abbé Pluche, Charles Bonnet, d'Argens, Guer lui-même, etc. On n'animalise plus l'homme mais on tend à humaniser l'animal.

Voici, à titre de simple échantillon, deux documents qui plaident en ce sens : a) « Je soutiens, écrit d'Argens, que les bêtes ont une âme capable de toutes les opérations que forme l'esprit de l'homme. La première est de concevoir, la seconde d'assembler ses pensées, la troisième d'en tirer une juste conséquence. Je vois distinctement dans le chien ces trois différentes opérations quand je veux l'apprendre à sauter sur un bâton. Lorsqu'il saute, je le flatte (première pensée). Je le bats lorsqu'il ne saute pas (seconde pensée). Il saute toujours, voilà la conséquence des deux premières pensées. Si je saute, je suis flatté. Si je ne saute pas, je suis battu. Sautons donc » [1].

b) « On a vu, nous informe Le Gendre, à la dernière foire de Saint-Germain, un petit cheval. (…) Quelque personne de l'assemblée tirait une carte et après qu'on l'avait approchée de l'œil du cheval, il frappait autant de coups de pied qu'il y avait de points. Il frappait encore autant de coups de pied qu'une montre marquait d'heures, exprimant les quarts par de petits coups redoublés, comme une montre à répétition. Tous ces

1. J. B. de Boyer, Marquis d'Argens, *La philosophie du bon sens*, Londres, 1737, p. 382.

tours ont été vus par un grand nombre de spectateurs »[1]. Bête bien dressée ou animal intelligent ?

Mais Réaumur mérite le plus notre attention : non seulement il se situe au milieu de la querelle entre Buffon et Condillac, non seulement il nous a peint les « merveilles » du monde des insectes qu'il a éprouvées, car il écarte le fabuleux ou l'incertain par des expériences rigoureuses, mais surtout il pose le mieux le problème et pense du même coup soustraire l'animal aux prétendues lois qui pèsent sur lui : l'insecte, en effet, innoverait. Dieu l'aurait créé sans l'enfermer dans un cadre immuable. Il lui aurait communiqué le don ou le pouvoir de modifier sa conduite ; tomberait donc la thèse d'un animal mécanisable : il s'adapte aux circonstances et franchit, de manière originale, les obstacles qu'on met sur sa route.

Réaumur en conclut aux bienfaits de la Providence et fonde le théisme (non seulement Dieu a créé un univers complexe, mais il conserve des liens avec lui, veille à sa richesse et se réfléchit en lui) qu'on ne confondra pas avec le déisme des nouveaux philosophes (ils maintiennent l'existence de Dieu mais non plus ses liens avec la création et ses créatures, livrées aux seules lois de la biophysique).

Réaumur cherche donc à prouver l'idée d'une vie animale (l'enjeu) originale et susceptible de changements : « On leur reproche (aux insectes) que leurs procédés sont trop constants, qu'ils ne nous font pas voir des suites d'actions assez variées. Cette histoire néanmoins nous donnera lieu plus d'une fois de faire remarquer qu'il y a des insectes qui savent varier leurs procédés quand les circonstances le demandent. (…) La métaphysique d'un savant (M. Leibniz) l'a conduit à croire que nous agissons nous-mêmes à l'extérieur que comme de pures machines »[2].

1. Le Gendre, *Traité de l'opinion ou Mémoires pour servir à l'histoire de l'esprit humain*, t. II, « De la métaphysique », p. 315.

2. *Op. cit.*, t. V, p. 23-24.

Les abeilles, les mouches, les fourmis, d'abord, répètent souvent leurs opérations, mais Réaumur n'en profite pas pour les accabler (la servitude, la réitération, l'uniformité) : si elles sont parfaitement réussies, pourquoi y renoncer ? Ainsi le mathématicien Kœnig, à qui il posa la question de la construction alvéolaire de la ruche, aurait établi que les abeilles avaient trouvé la meilleure solution (la figure hexagonale). Le problème s'énonçait en ces termes, selon Réaumur : « Une quantité de matière de cire étant donnée, en former des cellules égales et semblables, d'une capacité déterminée, mais la plus grande qu'il soit possible par rapport à la quantité de matière qui y est employée et des cellules tellement disposées qu'elles occupent dans la ruche le moins d'espace qu'il est possible ». Cette architecture (aucun vide angulaire et une distribution régulière) relèverait du calcul de *maximis* et *minimis*. De là, la conclusion de Réaumur : « Plus on étudie la construction de ces cellules, plus on l'admire. Il faut même être aussi habile en géométrie qu'on l'est devenu depuis que les nouvelles méthodes ont été découvertes pour connaître la perfection des règles que les abeilles suivent dans leur travail »[1]. Ensuite, Réaumur, l'habile expérimentateur, n'hésite pas à déranger ou à inégaliser l'édifice mais les bâtisseurs savent vite rétablir l'ordre ; eux-mêmes, d'ailleurs, parfois se méprennent, mais ils corrigent leurs erreurs : ils modifient la forme des pans comme la longueur des arêtes alvéolaires afin de retrouver ou de restaurer leur première architecture. « L'irrégularité, devait conclure Réaumur, n'est pas moins propre à donner idée du génie des abeilles »[2]. Comment soutenir la thèse d'une fabrication immuable ou la seule séquence d'actes hyperprogrammés ? N'est-ce pas la preuve de leur adresse comme de leur intelligence, si bien adaptée aux changements ?

1. *Ibid.*, p. 388.
2. *Ibid.*, p. 392.

Réaumur devait aussi user de ruches vitrées (les ruches de verre) mais il les aménage ; il leur donne une forme allongée et pyramidale, afin de pouvoir mieux suivre (en haut, dans les parties plates) l'évolution de leurs habitants. Il procéda à des interventions, destinées à évaluer leurs réponses, à éprouver autant les bases de leur association que la solidité de leur organisation, quand on la contrarie (la *monarchia feminina*) : « Une des premières expériences que je crus devoir faire fut de diviser un essaim d'abeilles. (...) Si cet essaim avait une mère et s'il n'en avait qu'une, (...) cette mère devait se trouver dans l'une de mes ruches et il ne devait pas s'en trouver dans l'autre »[1].

Mais Réaumur tient à examiner de près toutes les occurrences : après celle de la suppression – un essaim sans reine – l'addition, c'est-à-dire l'insertion dans sa ruche d'une étrangère, plus tard d'une troisième : « Pour être en état de la distinguer dans la suite de la reine naturelle, avant que de la livrer à un nouveau peuple, j'avais eu la précaution de lui peindre en rouge presque toute la partie supérieure du corset. J'ai répété cette expérience dans toutes les saisons de l'année »[2]. Réaumur usera d'une teinture jaune quand il voudra discriminer la troisième. Il opérera aussi sur plusieurs ruches. Or, la souveraine a toujours été bien accueillie : loin de passer pour une ennemie ou simplement une intruse, elle a mérité le même empressement que « la mère naturelle ».

L'essaim forme donc, selon Réaumur, une sorte d'association stable (une société) mais perméable à la nouveauté et toujours bien organisée. La ruche ne manquera pas, en conséquence, de se transformer en symbole de vie communautaire et participative, que Diderot exaltera (malgré son hostilité à Réaumur) : on connaît la formule des *Pensées sur l'interprétation de la nature* (1753) : « Aux grands génies, les grands

1. *Ibid.*, p. 235.
2. *Ibid.*, p. 267.

objets ; les petits objets aux petits génies » à l'adresse des observateurs des pucerons, des fourmis et des insectes ; mais il s'attirera la réplique suivante : « Quelle idée aurions-nous d'un homme qui ne ferait cas des machines de tout genre qu'autant qu'elles seraient grandes et qui serait plus touché d'une horloge de village que d'une petite montre où tout ce que l'art de l'horlogerie a inventé de plus parfait se trouverait réuni ? ».

Oublions cette animosité, pour ne retenir que les mérites d'une analyse serrée, celle de Réaumur, qui conclut à la remarquable ingéniosité des abeilles ainsi qu'à leur monarchie qui survit à tous les soubresauts !

Quelle position défendra donc Buffon, le théoricien d'exception de la vie animale ? Que choisira-t-il entre ces deux extrêmes, le mécanisme résolu de La Mettrie ou l'animo-vitalisme de Réaumur non moins outré, sachant qu'il ne peut tout de même pas les amalgamer ?

En réalité, il s'opposera nettement aux deux, ce qui intensifie notre question (comment le situer ?), car, s'il n'en accepte aucun mais ne peut davantage les conseiller ou les mêler, on voit mal le chemin qu'il peut emprunter.

Nous nous proposons de le rechercher, d'autant plus que Condillac, à son tour, le combattra : le *Traité des Animaux* est consacré, pour l'essentiel, à le critiquer.

Buffon a d'abord ruiné tout ce que Réaumur a écrit sur les mouches, les fourmis ou les abeilles. Il l'a traité sans ménagement, d'un bout à l'autre de son *Histoire naturelle ;* il lui adresse des flèches :

> Une mouche ne doit pas tenir dans la tête d'un naturaliste plus de place qu'elle n'en tient dans la nature et cette république merveilleuse ne sera jamais aux yeux de la raison qu'une foule de petites bêtes [1].

---

1. *Discours sur la nature des animaux*, dans *Histoire naturelle*, éd. Lacépède, 1818, t. V, p. 588.

Plus explicite: «C'est la morale, c'est la théologie des insectes que je ne puis entendre prêcher; ce sont les merveilles que les observateurs y mettent et sur lesquelles ensuite ils se récrient comme si elles y étaient en effet, qu'il faut examiner; c'est cette intelligence, cette prévoyance, cette connaissance même de l'avenir qu'on leur accorde avec tant de complaisance et que cependant on doit leur refuser rigoureusement que je vais tâcher de réduire à sa juste valeur»[1]. Buffon se veut scientifique: il condamne donc tous les romans des théologiens, que Réaumur a rejoints ou qu'il a fortifiés. Il reprendra dans le détail les données ainsi que les arguments, mais afin de tout expliquer autrement.

Naturellement, la contre-offensive consiste à prouver, entre autres propositions: a) que l'animal n'échange pas vraiment; b) qu'il n'innove pas (Buffon se moque ouvertement de Réaumur et de son apologie qui transforme l'abeille en géomètre capable de résoudre de difficiles problèmes, tel celui-ci: «bâtir le plus solidement qu'il soit possible dans le moindre espace possible et avec la plus grande économie possible»[2]; c) qu'il ne faut pas lui accorder l'ombre de la moindre vertu et tomber dans une quelconque admiration (la théologie des insectes): les bêtes ne peuvent même pas constituer une société (un seul rassemblement mécanique et ici Buffon s'enflamme: l'ordre, le dévouement, l'amour de la patrie, la république ne sont fondés, écrit-il, que dans l'esprit de l'observateur. Selon lui, les hommes seuls forment des liens qui impliquent le renoncement à leur volonté et la soumission à une loi commune (le contrat). N'a-t-on pas vu un chien mourir sur la tombe de son maître, interroge-t-il? Mais «il en est de cette amitié comme de celle d'un enfant pour son jouet.

1. *Ibid.*, p. 588.
2. *Discours sur la nature des animaux, op. cit.*, t. V, p. 588.

(...) L'attachement (...) n'est-il pas le dernier degré de la stupidité ? (...) L'amitié n'appartient qu'à l'homme »[1].

Il interprète différemment les réussites des insectes qu'il a longuement analysées : a) Ainsi « ces cellules, ces hexagones tant vantés, tant admirés, me fournissent une preuve de plus contre l'enthousiasme et l'admiration. Cette figure (...) n'est qu'un résultat mécanique et assez imparfait qui se trouve souvent dans la nature »[2]. Pour Buffon d'ailleurs, les pierres, les sels, les cristaux, eux aussi, se manifestent à travers des ensembles géométriques réguliers ; on les retrouve aussi dans les fleurs, les graines et les capsules ; on ne leur prête pas pour autant des capacités calculiques ou l'intelligence des constructions. « Qu'on mette ensemble dans le même lieu dix mille automates animés d'une force vive et tous déterminés, par la ressemblance parfaite de leur forme extérieure et intérieure et par la conformité de leurs mouvements à faire chacun la même chose dans ce même lieu, il en résultera nécessairement un ouvrage régulier »[3]. En douterait-on ? Il suffit d'enfermer des graines cylindriques dans un vase rempli d'une eau qui s'insérerait dans les intervalles libres, qu'on fasse bouillir et « tous ces cylindres deviendront des colonnes à six pans »[4]. Souvent naissent donc des ensembles alvéolaires symétriques et parfaitement encastrés les uns dans les autres.

b) Et quant à la fabrication de la cire ou du miel, elle serait principalement activée par les fleurs ou leur nectar. Si on transporte les abeilles dans un pays où la floraison se prolonge, elles continuent à entasser. Et qu'à nouveau on les replace dans une contrée où le printemps retarde ! Toujours elles reprennent leur besogne accumulatrice incontrôlée. Buffon découvre et commente le couplage S-R (stimulus-réponse). Ne voyons là

1. *Ibid.*, p. 583.
2. *Ibid.*, p. 592.
3. *Ibid.*, p. 591.
4. *Ibid.*, p. 592.

aucune prévoyance ni l'œuvre de la Providence, mais le fait d'un ébranlement et d'une réplique aveugle : « Ce mouvement dure et se renouvelle autant et aussi longtemps qu'il existe des objets qui y sont relatifs »[1].

c) Buffon enfin n'a pas cessé de s'indigner du privilège exorbitant reconnu aux insectes qui pourtant se situent, selon lui, au dernier degré du monde animal, loin derrière le singe, le chien, l'éléphant, si l'on excepte les huîtres et les polypes. Les rapprocher ou les élever constituerait, à ses yeux, une sorte de défi.

Il aurait été plus raisonnable et plus avisé de comparer l'homme et le singe. Et sur ce chapitre Buffon écrira des remarques assez cinglantes. Retenons seulement celle-ci, assez surprenante, selon laquelle l'homme peut imiter le singe, non l'inverse[2]. Buffon n'a pas toujours maintenu ce point de vue, mais ce minime changement n'affecte pas sa philosophie ; nous ne l'aurions d'ailleurs pas indiqué, si Condillac n'avait développé le thème de l'animal « incapable de copier ». A vrai dire, c'est l'orang-outang qui soulève la vraie question, surtout lorsqu'on suit Linné qui écrit : « M. Linneus dit (…) qu'il pense, qu'il parle et qu'il s'exprime en sifflant. Il l'appelle *homme nocturne* et en donne en même temps une description par laquelle il ne serait guère possible de décider si c'est un animal ou un homme »[3]. Ce récit n'inquiète pas Buffon : il s'étendra assez longuement sur cette situation médiane qui ne l'abuse pas. Il en conclut que les voyageurs se sont grossièrement trompés et qu'ils ont entraîné Linné : « Je doute de son existence et c'est probablement un nègre blanc, un chacrelas que les voyageurs cités par M. Linneus auront mal vu et mal

1. *Ibid.*, p. 596.
2. Cf. *Nomenclature des singes*, O.C., t. VIII, p. 149.
3. *Histoire naturelle des Orangs-outangs*, t. VIII, p. 152.

décrit. (…) Mais ce sont des hommes. (…) Ils pensent, parlent et agissent comme les autres hommes »[1].

Eloignons ces faux intermédiaires et que cessent les légendes ! Celles-ci finissent par tout brouiller et nous écarter de la sublimité de la nature : à l'aide de lois simples et universelles, elle a su déployer la diversité. Buffon prétend, lui aussi, sauver Dieu, parce que son univers ne relève plus de particularités ou de prodiges, propres aux uns ou aux autres.

Il se moque perpétuellement de ceux qui valorisent la conduite des renards, des castors ou des oiseaux qui savent construire des nids ou encore de ce hibou, qui coupe les pattes des fourmis pour les empêcher de fuir et les conserver en vue de l'hiver (des greniers de prévoyance). Il jugerait et supputerait. Or, à élever à ce point la bête, on ravale l'homme qui ne peut bénéficier d'une telle assurance quant au futur : il en est réduit aux seules probabilités. D'où cette formule de Buffon : « Le caractère de la raison le plus marqué, c'est le doute (…) mais des mouvements et des actions qui n'annoncent que la décision et la certitude prouvent en même temps le mécanisme et la stupidité »[2].

Cette critique mordante (sur laquelle Condillac reviendra) ne renvoie-t-elle pas Buffon, par une sorte de mouvement oscillatoire, à l'animal-machine et aux conceptions de La Mettrie ?

Surtout pas ! Au texte « Discours sur la nature des animaux » répond, en effet, le « L'Homme. De la nature de l'homme ».

Jamais philosophe n'a autant éloigné l'un de l'autre l'homme et l'animal. Jamais celui-ci n'a été autant diminué, de telle façon qu'un infranchissable fossé les sépare : on n'a pas manqué de le réduire à un simple assemblage matériel. D'ailleurs, preuve supplémentaire de la supériorité qui traduit

1. *Ibid.*, p. 152.
2. *Ibid.*, p. 595.

une différence de nature, l'homme a pu asservir toutes les espèces et les a dressées. Le plus stupide des individus comman-
de aux bêtes les plus ingénieuses ; et, dans le monde des bêtes,
aucune ne l'a emporté sur les autres, ce qui nous conduit à les
tenir toutes pour semblables et sans mesure avec l'homme,
leur maître.

Seul celui-ci pense : pour lui « Etre et penser ne font bien
qu'un »[1]. Parfois, Buffon a paru accorder un peu plus à l'animal, non pas l'entendement, ou un début de connaissance, ou
la mémoire (à moins qu'on ne confonde cette dernière avec la
réminiscence ou la reviviscence d'une sensation éteinte), mais
la conscience d'une existence présente et le sentiment. Il
annulera toutefois cette modeste concession, puisque dans
l'*Histoire des animaux*, à travers la comparaison des animaux
et des végétaux, on lit : « Si par sentir nous entendons seulement faire une action de mouvement à l'occasion d'un choc ou
d'une résistance, nous trouverons que la plante appelée sensitive est capable de cette espèce de sentiment, comme les animaux. Si, au contraire, on veut que sentir signifie apercevoir et
comparer des perceptions, nous ne sommes pas sûrs que les
animaux aient cette espèce de sentiment ; et si nous accordons
quelque chose de semblable aux chiens, aux éléphants, etc.
nous le refuserons à une infinité d'espèces d'animaux et
surtout à ceux qui nous paraissent être immobiles et sans
action (les huîtres) »[2].

Principe fondamental de la théorie de Buffon : l'animal ne
sent pas, ou, du moins, ne « sent pas comme nous ». Puisque
Buffon entend creuser l'écart, il n'a pas manqué d'abaisser le
plus possible l'animal. Par plusieurs arguments et analyses, il
s'y emploie, en effet, mais, du même coup, il semble moins
résoudre le problème que l'éloigner ou le voiler. Dans le *Traité
des animaux*, Condillac montrera sans peine les impasses où

---

1. *Ibid.*, p. 595.
2. *Ibid.*, t. IV, p. 417 (*Histoire des animaux*).

Buffon s'enfonce, du fait de cette élimination de la «région intermédiaire», la vitalité, si malaisée à admettre et à conceptualiser.

Comment l'évincer ?

a) La pensée a tellement investi la corporéité en l'homme, qu'elle l'a transformée, alors que, chez les animaux, elle restera telle quelle, strictement mécanique. De ce fait, on doit distinguer deux espèces de sensations : les intériorisées, pénétrées de savoir et riches d'implications, opposées aux simplement corporelles.

L'enfant quitte d'ailleurs les secondes pour bénéficier des premières, ce qui justifie bien la dualité fondamentale : «La douleur que l'enfant ressent dans les premiers temps, écrit Buffon, et qu'il exprime par des gémissements n'est qu'une sensation corporelle, semblable à celle des animaux qui gémissent aussi dès qu'ils sont nés et les sensations de l'âme ne commencent à se manifester qu'au bout de quarante jours »[1].

A plusieurs reprises, Buffon répétera donc que la sensorialité animale diffère nettement de la nôtre.

b) Chez la bête, le système «impression-réaction» suppose deux temps que Buffon a bien précisés : la réception et la transmission au centre cérébral (le sens dit interne) constitue le premier ; le second consiste en une élaboration, du fait de l'arrivée concomitante d'autres messages, de la persistance de quelques-uns d'entre eux et surtout de la confrontation avec ceux du passé, par suite de leur non-effacement. Qu'en résultera-t-il ?

Plusieurs fois – et naturellement le *Traité des animaux* de Condillac reviendra sur cette analyse – Buffon explique le comportement d'un chien au cerveau sollicité par des données plus ou moins contradictoires : a) se jeter sur la proie qui bouge sous ses yeux, b) mais ce mouvement réveille les douleurs provoquées par les coups d'un maître qui interdit cette préci-

---

1. *Ibid.*, t. V, p. 14 (*De l'homme*).

pitation. Les deux courants se neutralisent. Emerge enfin ce qui rompt cet équilibre : « Les ébranlements du plaisir et de la douleur, note Buffon, subsistent toujours ensemble dans une opposition qui en détruit les effets, il se renouvelle en même temps dans le cerveau de l'animal un troisième ébranlement qui a souvent accompagné les deux premiers : c'est l'ébranlement causé par l'action de son maître, de la main duquel il a souvent reçu ce morceau qui est l'objet de son appétit et comme ce troisième ébranlement n'est contrebalancé par rien de contraire, il devient la cause déterminante du mouvement »[1].

L'animal a été transformé en une sorte de parallélogramme de forces qui se conjuguent et décident elles-mêmes de la solution : le sens interne, rappelle Buffon, où tout se joue, « est aussi bien que ses sens extérieurs, un organe, un résultat de mécanique, un sens purement matériel »[2].

Avec l'homme, l'entendement ou la réflexion intervient et change l'économie de cette construction : la pensée pèse sur le cerveau. C'est elle qui tranche. Il faut reconnaître ici la superposition intégratrice de trois instances, au lieu de deux, comme précédemment : outre les deux premières, communes avec l'animal, la troisième empêche l'action des deux autres. On ne peut pas mieux affirmer la différence, d'un côté la seule psychophysiologie, de l'autre, l'âme qui dirige.

c) Ajoutons, pour corser le tout, que l'organisation animale, jugée du dehors, se caractérise par une disproportion flagrante entre l'importance accordée aux sens de contact (l'odorat notamment) et la faiblesse de ceux qui donnent ou expérimentent la distance (le toucher, la vue, l'ouïe). « Dans l'homme, le premier des sens pour l'excellence est le toucher et l'odorat est le dernier ; dans l'animal, l'odorat est le premier des sens et le toucher est le dernier. (…) L'homme a donc le

---

1. *Ibid.*, p. 558.
2. *Ibid.*, p. 548.

toucher, l'œil et l'oreille plus parfaits et l'odorat plus imparfait que l'animal »[1].

Avant même qu'on ne l'éprouve, on le remarque par la position, le développement et l'ouverture des récepteurs. Buffon écrit de belles pages à ce sujet (l'anthropologie physique). Parmi les bêtes elles-mêmes, il distinguera facilement les espèces nobles (le lion, l'éléphant, le chien, etc.) et les basses, définies par leur petitesse et leur extrême variabilité, sans compter leur prolifération, d'où au passage, la situation inférieure des insectes qu'on se gardera bien de mettre en avant.

L'inégalité sensori-motrice revêt une grande importance chez ces spécialistes de la biomorphologie et de la compréhension de la vie corporelle. Rien ne rapproche donc, mais tout oppose l'homme et l'animal. Seul, selon Buffon, l'imbécile finit par rejoindre la bête : il ne peut plus ou ne peut pas se servir de son âme, tandis que la seconde en est privée ; tous deux sont donc asservis aux mouvements.

Pourquoi cette théorie si abrupte et si résolument dualiste chez Buffon ? Est-ce pour éviter, comme on l'a cru, les risques d'une condamnation de la part de l'Inquisition ? Nous ne le pensons pas.

Ce savant a toujours désapprouvé les systèmes qui réduisent la nature et la soumettent à des cadres trop étroits. On sait assez son opposition aux classifications (à Linné) comme à toutes les formes d'assimilation. Il entend tenir les deux bouts de la chaîne : d'un côté, quelques principes (la rationalité) mais, de l'autre, un réel illimité, de là, son attention à tout ce qui signifie la différence.

Elle l'a probablement amené à donner sa place à un animal qui n'en est plus un, mais qui agrandit le spectre du monde vivant. Non seulement on est frappé par la multitude animale, en dépit d'un fonds commun (on le retrouve chez les quadrupèdes, les oiseaux et les poissons) sur lequel ont été brodées

1. *Ibid.*, p. 553.

des variations sans nombre, mais il faut aller jusqu'à concevoir un être qui sort de la série et ouvre sur un autre monde. Admettons l'idée d'un animal qui a transgressé l'animalité !

Buffon le rappelle : « Il y a une distance infinie entre les facultés de l'homme et celles du plus parfait animal ; preuve évidente que l'homme est d'une nature différente, que seul il fait une classe à part de laquelle il faut descendre en parcourant un espace infini avant que d'arriver à celle des animaux »[1]. Ailleurs, il plaide un peu pour la réintégration dans l'ensemble : « En voulant le comprendre (l'homme) dans l'énumération de tous les êtres naturels, on est forcé de le mettre dans la classe des animaux, mais, comme je l'ai déjà fait sentir, la Nature n'a ni classes ni genres, elle ne comprend que des individus »[2]. Les deux affirmations ne se contredisent pas : l'homme appartient au groupe, mais il se situe aussi tout à fait en dehors. L'immensité du spectre exige à la fois « la chaîne des êtres » mais non moins la rupture de ce continuum (en vue de l'élargissement).

En toute hypothèse, Buffon a tenu à se séparer des théologiens (de leur faux merveilleux) qui ont cherché à prouver Dieu à partir des vivants les plus misérables (la micrographie et l'industrie des insectes) alors qu'il préfère considérer le Créateur comme celui qui, à l'aide de quelques principes simples, a produit un univers d'une étonnante complexité.

Mais il devait non moins réfuter l'hyper-mécanisme (d'ailleurs n'est-ce pas avec Buffon que disparaît la métaphore de la montre et les références aux automates ?) ; il a surtout soustrait l'homme à ses griffes.

Dans une optique franchement newtonienne, tellement avantageuse (en effet, Newton explique le monde, mais ne le soumet plus, comme Descartes, au nécessitarisme : la loi fondamentale aurait pu être autre ; on la découvre et on ne peut pas

---

1. *De l'homme*, *O. C.*, t. V, p. 9.
2. *Ibid.*, p. 5.

la déduire), il conserve à la fois trop d'intellectualité explicative pour céder aux prodiges des bêtes, mais ne veut pas d'un dogmatisme qui annule les différences ou supprime les extrêmes.

On a pu penser que Buffon, afin d'éviter ces deux récifs (le mécanisme absolutisé et le finalisme naïf) revenait à la position de Descartes.

En un faible sens, oui, mais, pour l'essentiel, que non !

Quelques formules, il est vrai, évoquent un cartésianisme subsistant : « Le vivant et l'animé, écrit Buffon, au lieu d'être un degré métaphysique des êtres, est une propriété physique de la matière »[1].

Toutefois, si Buffon semble restaurer ou retrouver la métaphysique du *Cogito*, il lui donne un tour si nouveau que nous apercevons davantage en lui un point de vue franchement lockien :

a) Buffon renonce au schéma des roues et des poulies, l'attirail des Cartésiens, au profit d'une biodynamique telle que l'animal déborde la spatialité et ses assemblages. Ainsi « les vrais ressorts, écrit Buffon, de notre organisation ne sont pas ces muscles, ces veines, ces artères, ces nerfs que l'on décrit avec tant d'exactitude et de soin ; il réside, comme nous l'avons dit, des forces intérieures dans les corps organisés qui ne suivent point du tout les lois de la mécanique grossière (…) à laquelle nous voudrions tout réduire »[2].

Ailleurs, Descartes est pris à partie nommément : « L'idée de ramener l'explication de tous les phénomènes à des principes mécaniques est assurément grande et belle, ce pas est le plus hardi qu'on pût faire en philosophie et c'est Descartes qui l'a fait. Mais cette idée n'est qu'un projet et ce projet est-il fondé ? Quand même il le serait, avons-nous le moyen de

---

1. *Histoire des animaux. Comparaison des animaux et des végétaux*, *O. C.*, t. IV, p. 423.

2. *De l'homme*, *O. C.*, t. V, p. 40.

l'exécuter ? (…) Ne vouloir admettre me paraît une prétention vaine et mal fondée » [1].

Descartes mérite dans cette page la même accusation que ses successeurs : il aurait tenté de tout expliquer à l'aide de quelques principes qui lui seraient d'ailleurs venus par les sens – l'étendue, la figure, la divisibilité, etc. Il aurait ignoré les moins offerts et que l'expérience nous apprend à reconnaître – des énergies, des attractions, des correspondances, voire l'incorporation par moulage de substances étrangères alors assimilées (L'expression de « moule intérieur » paraît renfermer deux idées contradictoires, commente Buffon : « C'est comme si on voulait joindre ensemble l'idée de la surface et l'idée de la masse et on dirait tout aussi bien une surface massive qu'un moule intérieur » [2]), sans compter la seule potentialité génésique et les puissances actives de la dite matière.

b) Quant à la pensée, effectivement soustraite aux détermi-nations, Buffon ne l'appréhende qu'à travers ses manifes-tations et non pas en tant que substance. On ne peut d'ailleurs connaître, selon Buffon, que par comparaison ; l'existence, le statut de l'entendement ne nous sont donnés que par oppo-sition à la corporéité : la simplicité d'un côté, par exemple ; de l'autre, la divisibilité.

Autre argument : l'âme agit à distance et peut s'unir « à tel objet qu'il lui plaît », alors que le corps ne peut pas en pénétrer un autre. Buffon infère toujours les attributs de la pensée : il renonce vite à l'essence – le quoi et le pourquoi – au profit du seul relationnel ou des données.

Finalement, Buffon glisse d'une métaphysique (le pré-tendu *Cogito*) à une psychologie fonctionnelle : l'homme s'ex-prime là où l'animal ne parle pas. « Les animaux, écrit-il, sont incapables de former cette association d'idées qui seule peut produire la réflexion » ou « c'est parce qu'ils ne peuvent join-

1. *Histoire des animaux, ibid.*, t. IV, p. 442-443.
2. *Ibid.*, p. 433-434.

dre ensemble aucune idée qu'ils ne pensent ni ne parlent »[1]. Autre indice extérieur : l'homme ne cesse pas de perfectionner ses propres réalisations, mais l'animal répète toujours sa même fabrication, abeille ou castor. Réaumur soutenait que l'insecte n'en changeait pas, parce qu'il ne pouvait pas l'améliorer. « Mais on lui accorde une intelligence supérieure à la nôtre par laquelle il apercevrait tout d'un coup le dernier point de la perfection auquel il doit porter son ouvrage »[2].

c) Au sujet de l'animal, d'ailleurs, on doit relever un léger décalage entre Buffon et Locke, son inspirateur. Locke ne cache ni n'affaiblit l'écart entre l'homme et la bête (la « si vaste distance », écrit-il dans l'*Essai*[3]). Il tient lui aussi l'animal pour incapable d'abstraction ou de composition d'idées. Une preuve de cette flagrante infériorité ? « Il ne paraît pas, note Locke, que les animaux qui ont quantité de petits à la fois aient aucune connaissance de leur nombre ; car quoiqu'ils s'intéressent beaucoup pour un de leurs petits qu'on leur enlève en leur présence ou lorsqu'ils viennent à l'entendre, cependant si on leur en dérobe un ou deux en leur absence ou sans faire de bruit, ils ne semblent pas s'en mettre fort en peine ou même s'apercevoir que le nombre en ait été diminué »[4].

Cependant, à la différence de Buffon, Locke leur reconnaît de la mémoire et leur concède même le plus bas degré de la connaissance : « Il me paraît aussi évident qu'il y en a quelques-unes (des bêtes) qui ne sont pas de pures machines, qui raisonnent en certaines rencontres, qu'il me paraît qu'elles ont du sentiment, mais c'est seulement sur des idées particulières qu'elles raisonnent »[5]. Buffon n'était pas allé jusque-là et encore moins Descartes.

---

1. *De l'homme*, *O. C.*, t. V, p. 7.
2. *Ibid.*, p. 8.
3. *Œuvres philosophiques de Locke*, trad. Coste, nouvelle édition revue par M. Thurot, t. II, p. 337.
4. Locke, *Essai sur l'entendement humain*, t. II, p. 331-333.
5. *Ibid.*, p. 337.

Si l'on excepte cette dernière analyse, la définition de la matière, de la pensée et même de la vitalité, en dépit d'une faible coloration cartésienne, semble surtout s'aligner sur celle de Locke qui a défendu le principe de la dualité (entre l'âme et le corps). Bref, l'homme réfléchit tandis que l'animal reste enfermé dans la sensorialité.

C'est justement cette doctrine qui entraînera la violente critique de Condillac et son *Traité des animaux*, comme s'il avait aussi retenu de Descartes le pire et exclu le meilleur.

Mais lorsqu'on dresse le bilan de la philosophie de l'animal de Buffon, on s'avise qu'il n'a rien résolu. Il a employé tous les arguments possibles afin de dévaloriser la bête, il n'a pas pu toutefois lui retirer ses possibilités d'adaptation, de ruse, de sensibilité et de construction, pas plus qu'il n'a enlevé à son corps des capacités qui dépassent de loin ce que Buffon nomme « les prétendues lois du mouvement » ou encore « les lois de la mécanique grossière que nous avons imaginées »[1].

Il nous faut en tirer la conséquence : cette seule matérialité enferme en elle d'étonnantes ressources, de là, chez Buffon, une ambiguïté : il exalte ce qu'en même temps il a cherché à diminuer. La dualité entre l'homme et l'animal qu'il a soutenue en sort affaiblie. Il l'affirme et l'annule partiellement.

La vitalité continue d'empêcher la franche séparation. Buffon a moins réglé les problèmes qu'il ne les a obscurcis.

1. *De l'homme*, *O. C.*, t. V, p. 40.

Chapitre III

L'OPPOSITION À BUFFON

Le *Traité des animaux* – centre et objet de notre commentaire – est né d'une irritation : Condillac s'emporte contre Buffon et que de flèches de l'un à l'adresse de l'autre !

Une question de fait se trouve à l'origine de la polémique. Les philosophies fluides du XVIIIᵉ siècle – Réaumur, Diderot, Voltaire, Buffon, Condillac, Rousseau, Locke, etc. – s'interpénètrent et s'influencent les unes les autres, aussi est-il habituel qu'elles s'accusent mutuellement de plagiats : Diderot aurait même dérobé les épreuves de la *Description des arts* de Réaumur, Rousseau se serait inspiré de Diderot à ses débuts, etc. Entre eux tous, que d'arguments communs ! On a donc insinué que Condillac aurait puisé largement dans Buffon sans le reconnaître, pour son *Traité des Sensations* de 1754. La Harpe, même s'il a pris le parti de Condillac, répand ce reproche[1] et surtout Grimm le colporte : « Il y a environ un an que M. l'abbé de Condillac donna son *Traité des*

---

1. Cf. Introduction à l'Œuvre Philosophique de Buffon, *Œuvres Philosophiques*, Paris, P.U.F., p. XXVI.

Sensations[1]. (…) Notre philosophe est naturellement froid, diffus, disant peu de choses en beaucoup de paroles. (…) Il a l'air de répéter à contrecœur ce que les autres ont révélé à l'humanité avec génie. On disait dans le temps du *Traité des Sensations* que M. L'Abbé de Condillac avait noyé la statue de M. de Buffon dans un tonneau d'eau froide. Cette critique et le peu de succès de l'ouvrage ont aigri notre auteur et blessé son orgueil ; il vient de faire un ouvrage tout entier contre M. de Buffon qu'il a intitulé *Traité des Animaux* »[2].

Le *Traité des animaux* est incontestablement écrit pour mettre en évidence les divergences réelles entre eux, tant sur le problème de la sensorialité que sur celui des animaux[3]. Dès l'*Introduction*, on trouve une longue explication-justification : si Condillac n'a pas cité Buffon dans son *Traité des Sensations*, ni reconnu une quelconque dette, c'est, d'abord, parce que beaucoup de philosophes ont pensé de la même façon. Pourquoi mentionner l'un et non pas tous les autres ? De plus, entre eux deux, que de différences ! « C'était une raison de plus pour ne pas parler de lui, ajoute Condillac, je n'aurais pu que le critiquer, comme je ferai bientôt » (Introduction).

De plus, – toujours question de fait – Condillac tient à en découdre et à afficher son éloignement par rapport à l'auteur de l'*Histoire Naturelle*. Le 15 Janvier 1751, la Faculté de Théologie (la Sorbonne) a mis en garde contre certaines propositions soutenues par Buffon : n'a-t-il pas, *grosso modo*, réduit l'animalité à un jeu d'agencements moléculaires ? En dépit du spiritualisme qui accompagne cette analyse, on craint

---

1. Grimm rappelle en note des démêlés de Condillac avec Diderot : ce dernier se plaint aussi d'avoir été démarqué dans le *Traité des sensations*. Et Grimm épouserait la rancune de son ami.

2. Lettre du 1er novembre 1755, *Correspondance*, Paris, Garnier, 1878, t. III, p. 111-112.

3. A ce sujet nous sommes obligé de relever une très légère variante dans le texte de Condillac : en 1755, il écrit que « Buffon a voulu répandre… ». Plus tard, le texte devient : « Quelques personnes ont voulu répandre… ».

toujours que les fonctions inférieures soient explicables par des mécanismes, d'où l'accusation d'un matérialisme sans doute rampant, qui risque d'affecter Condillac déjà suspect de complicité avec les Encyclopédistes qu'il ne rejoindra pourtant jamais. D'où le bénéfice d'une attaque contre Buffon, son éloquence à vide, son ambition démesurée et ses généralisations sans fondement !

Il va de soi que l'obligation philosophique – et non plus les motifs circonstanciels – l'emportent et justifient la critique : effectivement le dualisme, entre l'âme et le corps, que Buffon défend, ruine totalement le nouveau système condillacien déjà élaboré. L'autonomie du *Cogito* propre à Descartes, dont Condillac a cru montrer la fragilité et même l'incohérence autant que l'arbitraire, mais que Locke, à sa manière, a reprise et que Buffon orchestre, va tellement à l'encontre de sa philosophie que Condillac se doit de la combattre.

Tous trois (Descartes, Locke, Buffon) méritent ses foudres : mais, d'abord rapprochons-les, en dépit de tout ce qui les oppose.

Locke a bien tenté d'engendrer les pensées et d'appliquer à la philosophie les méthodes les plus scientifiques et les mieux fondées, mais il explique les idées ou bien à partir des impressions ou bien à partir de la réflexion sur nos opérations (un sens intérieur ou l'équivalent). Comment accepter cette double origine ? Tout Condillac la rejette : il pense pouvoir et devoir dériver le psychisme d'une seule et même base, incontestable et concrète – le sentir, l'être au monde ou l'âme directement unie à son corps (« la faculté de sentir est la première de toutes les facultés de l'âme ; elle est même la seule origine des autres et l'être sentant ne fait que se transformer, pour citer le *Traité des animaux*[1]). A partir de cette « primitivité » et toujours avec elle, Condillac en sortira, en effet, les facultés réflexives.

---

1. *Op. cit.*, p. 529 (Conclusion).

Il faut renoncer à une métaphysique sans fondement, à une ontologie abstraite, avec son commencement assez douteux et arbitraire. Partons du connu, de notre enracinement affectif et effectif, de là naîtra une philosophie incontestable qui, d'une part, évitera le dangereux glissement connu par celle des Classiques qui finit paradoxalement par perdre et l'âme même et Dieu, d'autre part, nous vaudra une métaphysique vraiment expérimentale et, à sa manière, scientifique. Ne prolongeons surtout pas un innéisme dont on a assez montré la fausseté.

Le cartésianisme vire à la fois au spinozisme (le nécessitarisme) et surtout au matérialisme (La Mettrie et, avant lui, les Cartésiens y conduisent) : afin d'empêcher cette déviation, ainsi que le mécanisme qui l'inspire et qui prétend rendre compte à lui seul des êtres animés, il faut un système moins imaginaire, développé à partir de ce « sentir » éprouvé et solide, mais, comme l'animal est concerné par cette même immersion que nous (la sensorialité), il faut obligatoirement lui octroyer la mémoire, la connaissance, l'entendement et les idées abstraites – Condillac ne reculera pas devant ces conséquences – sinon, la nouvelle philosophie est frappée d'incohérence et on démolit ses assises. C'est bien pourquoi le *Traité des animaux* prend subitement une telle importance : avec lui, se joue une épreuve de force.

Condillac exposera, dans ce Traité, une conception audacieuse qui ne tombe pas dans le romanesque habituel mais échappe tout autant à l'impossible « mécanisation ». Il plaidera, comme nous le verrons, « en faveur d'un entendement et d'une volonté chez les bêtes ».

Buffon, dans la crainte de trop accorder aux animaux et, par là, d'animaliser l'homme, est retombé dans le cartésianisme (que Locke, son inspirateur de fait, lui soufflait) et des excès si notoires qu'ils obligent à se diriger vers l'autre extrémité.

Ce qui est médian, en toute hypothèse, indispose et crée des difficultés : on ne peut pas l'admettre en tant que tel. On ne connaît que deux substances, la pensée et l'étendue, nullement le mélange des deux ou les deux en même temps. Que signifierait une réalité qui connaît ou sent, mais ne serait pas un esprit elle-même ? Ou alors irait-on accepter une matière capable d'ingéniosité et de calcul, principe trop dangereux et qui nierait le vrai spiritualisme ?

Arnauld, dans les *Quatrièmes Objections*, avait pressenti les embarras auxquels Descartes se préparait : « Comment faire admettre aux gens, que la brebis-machine prend la fuite quand la lumière réfléchit le corps du loup dans ses yeux ? » (et sans le ministère d'aucune âme).

La médianité nous perd, mais également la dualité qui l'escamote : non seulement on ne voit pas d'où viennent les deux principes, mais surtout on ne saisit pas comment l'un pourrait commander à l'autre, de nature entièrement différente, sinon, ils ne feraient alors qu'un. L'*homo duplex* n'arrange rien ! Au nom de la rigueur, Condillac s'emploiera à tout modifier en conséquence. Retenons surtout qu'il condamne à la fois Descartes, Locke et Buffon, coupables de la même faute et de ses suites.

Dans l'*Extrait raisonné* du *Traité des Sensations*, il le précise bien : il refuse plus que jamais « le déjà-là » pour ne proposer qu'une philosophie du développement rigoureux, assuré par une « identité continue » : elle partira du connu, la seule vitalité et son moment minimal, la sensation, que partagent en effet l'homme et l'animal. Condillac les rapproche donc, sans avoir à les confondre, comme nous le montrerons, alors que la métaphysique des substances les opposait. Buffon y tenait plus que Locke d'ailleurs, ainsi que nous l'avons déjà mis en relief : c'est pourquoi Condillac l'assimile davantage à Descartes.

« Toutes les facultés de l'âme lui (à Locke) ont paru des qualités innées et il n'a pas soupçonné qu'elles pourraient tirer

leur origine de la sensation même »[1]. Même pétition de principe chez Buffon : « M de Buffon qui a tenté de faire l'histoire
de nos pensées suppose tout d'un coup dans l'homme qu'il
imagine des habitudes qu'il aurait dû lui faire acquérir »[2].
Aucun n'a su choisir un « point de départ assez rigoureux » et
aucun n'a tenté la véritable génération des facultés tant de
l'animal que de l'homme (« l'admirable génération des facultés des animaux » comme il est écrit dans la conclusion du
Traité des animaux). Et Condillac y ajoute : « Les lois en sont
simples, générales : elles sont les mêmes pour toutes les
espèces »[3].

Un chapitre entier de l'*Essai* (Première partie, Section
sixième : « De quelques jugements qu'on a attribués à l'âme
sans fondement ou Solution d'un problème de métaphysique ») a d'ailleurs été occupé à réfuter l'une des erreurs de
méthode de Locke (la cartésienne), toujours la même, il est
vrai : ainsi, à l'intérieur de l'impression sensorielle, il glisse
des jugements dont nous ne nous apercevons même pas et par
là suppose toujours les deux courants disjoints, même s'ils se
fondent, celui de la pure réception et celui de l'interprétation
qui s'y surajoute.

Or, l'*Essai* entend défendre l'unité originelle, mais elle
entraîne obligatoirement celle de l'homme et de l'animal (du
fait de la sensorialité ou de la sensibilité commune).

Cette dernière n'a pourtant pas été soutenue avec la même
crânerie que dans le *Traité des animaux :* le système de
Condillac s'est infléchi. Ce n'est ni la première ni la dernière
fois. Diderot l'avait, en effet, soupçonné d'idéalisme berkeleyen dans l'*Essai*, il réagit par le *Traité des Sensations* et
réaménage en conséquence sa Doctrine. On insinue désormais
qu'il a transposé Buffon : dans la crainte de réactiver son

1. *O.C.*, t. III, p. 7.
2. *Id.*, p. 7.
3. Conclusion, p. 529, [1798, p. 626-627 ; p. 199]

matérialisme animal, il tend à s'en éloigner et accentue sa
thèse, à moins qu'il ne la modifie légèrement.

Nous nous devons de le signaler : aussi bien dans l'*Essai*
(1749) que dans le *Traité des Sensations* (1754) la question de
l'animal avait été incidemment abordée, mais n'avait pas reçu
tout à fait la même solution :

a) Dans l'*Essai*, on lit : « Les opérations des bêtes se
bornent à la perception, à la conscience, à l'attention, à la réminiscence et à une imagination qui n'est point à leur comman-
dement et la nôtre a d'autres opérations dont je vais exposer le
génération »[1]. On prendra un autre ton, dans le *Traité des
animaux* et on leur prêtera davantage !

b) Quant au *Traité des Sensations*, une note indique que
« leur âme (des bêtes) n'est pas capable des mêmes facultés
que celles de l'homme. (…) Le philosophe doit conclure,
conformément à ce que la foi enseigne, que l'âme des bêtes est
d'un ordre essentiellement différent de celle de l'homme »[2].

Sans aller à la formule de Montaigne, reprise par Rousseau
dans le second Discours : « Il y a plus de distance de tel homme
à tel homme qu'il n'y a de tel homme à telle bête », Condillac,
dans le *Traité des animaux*, note que « nous ne verrons jamais
entre eux (les hommes et les bêtes) que du plus ou du moins »[3]
ou quelques lignes après « dans leurs opérations, ils ne paraissent différer que du plus au moins ». On souligne moins le
négatif que la relative proximité. Nous ne pensons pas que
Condillac se renie, mais il change les accents.

Avant d'exposer les principes et même les raisons de la
philosophie de l'animal propre à Condillac, nous devons
préalablement préciser tout ce qu'il reproche à Buffon, la cible
du *Traité des animaux*.

---

1. *Essai*, *O.C.*, t. I, p. 84.
2. *Traité des sensations*, t. III, p. 50-51.
3. *Traité des Animaux*, p. 486 et p. 487, [1798, p. 548 et 549 ; p. 162].

Dans la première partie du *Traité des animaux* («Du système de Descartes et de l'hypothèse de M. de Buffon»), Condillac analyse l'inconséquence et les contradictions des textes de l'*Histoire naturelle*. Dans la seconde partie («Le système des facultés des animaux»), là où Condillac développe sa propre théorie, il revient encore, inlassablement même, sur Buffon dont il prend le contre-pied.

Il y conteste alors les trois arguments qu'il avait avancés, l'animal ayant été disqualifié, *grosso modo*, pour trois raisons : a) il ne parle pas, b) il n'invente jamais, c) il ne peut pas entrer dans de vraies conduites socio-morales.

Commençons par là.

I) La première analyse (a) dépasse les autres en importance et en amplitude de commentaire. La question semble se jouer là, du moins elle s'y focalise. Le Chapitre II de cette seconde partie s'intitule d'ailleurs «Le langage des bêtes».

Sur ce problème de la parole, nul n'a d'ailleurs été aussi explicite ni aussi novateur que Condillac : l'*Essai* lui est consacré pour l'essentiel. Et nous y reviendrons.

Condillac se trouve à l'aise sur ce terrain. Mais il ne lui est pas possible, du moment qu'il a reconnu aux animaux le jugement, la réflexion et même les idées abstraites, bref, un entendement, de leur refuser des moyens de communiquer.

Le peut-il ? Il lui suffit déjà de distinguer plusieurs degrés à l'intérieur de la parole : il réservera les premiers aux bêtes, qui ne pourront pas atteindre le dernier. Nous en rechercherons et expliquerons ultérieurement le pourquoi.

Condillac ira le plus loin possible : d'abord, les animaux de la même espèce commercent effectivement entre eux ; on l'exclut seulement pour ceux dont les conditions de vie sont trop éloignées, par exemple comme il l'écrit, entre ceux qui rampent sur terre et ceux qui volent dans les airs.

Pour que puisse fonctionner un échange, plusieurs conditions, selon le *Traité des animaux*, doivent être remplies, parmi elles, a) une organisation extérieure ressemblante,

b) des organes expressifs semblables et c) surtout l'appartenance à un même milieu, d'où un « fond d'idées commun ».

Dès qu'ont été satisfaites ces exigences, entre en action un système prélinguistique, plus exactement ces animaux s'informent mutuellement à l'aide de nombreux signes, dont les vocaux principalement (des glapissements, des cris, des chants, des bruissements), les attitudes aussi et les gestes (l'expression corporelle ou l'action signifiante).

Comment le contester ? Voici, par exemple, ce dont témoigne un bon observateur des oiseaux – un parmi beaucoup d'autres – que Condillac a lu : « Entrez dans un bois où il y a des Geais, le premier qui vous aperçoit donne l'alarme à toute la troupe et le bruit ne finit point que vous ne soyez sorti ou que votre présence ne les ait chassés. Les Pies, les Merles et presque tous les oiseaux en font autant. Qu'un chat paraisse sur un toit ou dans un jardin, le premier moineau qui le découvre fait précisément ce que fait parmi nous une sentinelle qui aperçoit l'ennemi. Il avertit par ses cris tous ses camarades et semble imiter le bruit d'un tambour qui bat au champ » [1].

Simple machinerie, déclic ? Entendons la réplique que nous citons ; ne serait-ce qu'à cause de la référence à la montre, mais parce qu'on la dénonce : « Représentez-vous un homme qui aimerait sa montre comme on aime un chien et qui la caresserait parce qu'il s'en croirait aimé au point que quand elle marque midi et une heure il se persuaderait que c'est par un sentiment d'amitié pour lui et avec connaissance de cause qu'elle fait ses mouvements » [2]. Condillac conclut donc son analyse : « Tout prouve qu'ils (les animaux) ont un langage. Ils se demandent, ils se donnent des secours » [3].

1. Abbé Bougeant, *Amusement philosophique sur le langage des bêtes*, 1739, p. 83.

2. *Id.*, p. 49.

3. *Traité des Animaux*, p. 484, [1798, p. 545 ; p. 160].

Ajoutons une fois de plus que, si l'on s'obstine dans l'« *animal machine* », on doit généraliser et appliquer aux hommes la même hypothèse : « Il n'est pas impossible que les hommes, avec qui je vis, qui me parlent, qui me répondent, qui raisonnent et qui agissent avec moi, ne soient que des machines. Car je sais que je pense et que j'ai dans moi un principe qui pense et qui connaît, mais je ne sais pas de même ce qui se passe dans l'intérieur des autres hommes et on ne peut pas refuser à Dieu le pouvoir de faire des hommes qui n'eussent que l'apparence et tout le jeu, quoiqu'ils ne fussent dans le fond que de pures machines » [1]. On ne peut arrêter les débordements ! Mais, au sujet du langage des bêtes, dans le chapitre qui en traite, Condillac ne s'en tient pas là : entre l'homme et les bêtes se tissent d'autres liens sémiologiques, du moins avec celles qui sont sensoriellement évoluées, telles les bêtes qui possèdent au moins cinq sens et qui, de ce fait, plus que les autres, « participent à notre fond d'idée » [2], condition majeure d'un possible commerce. Remarque inverse : dès que l'une est bornée à la seule vue ou à l'ouïe ou au goût, il n'est plus possible d'envisager ce type de communication.

Le maître et son chien correspondent entre eux, mais grâce au langage articulé : « Pour nous faire entendre d'eux, note le *Traité des animaux*, il nous suffit bientôt de leur parler. C'est ainsi que le chien apprend à obéir à notre voix » [3]. Non pas qu'il saisisse le contenu exact du discours, mais il s'inspire des sons, du ton et des habitudes ; mieux, il traduit en termes d'action ou en conséquences pratiques la voix de celui qui s'adresse à lui. Une communauté s'instaure donc avec ces animaux domestiques qui semblent s'humaniser à l'extrême. « Dans la nécessité où ils sont de connaître ce que nous voulons d'eux, ils

---

1. Abbé Bougeant, *op. cit.*, p. 50.
2. *Traité des Animaux*, p. 483, [1798, p. 546 ; p. 159].
3. *Traité des Animaux*, p. 485, [1798, p. 546 ; p. 160-161].

jugent de notre pensée par nos mouvements… » [1]. En somme, le chien, entre autres, connaît deux moyens de relation : avec ses semblables (langage émotionnel ou corporel) et avec l'homme (la traduction de ses propos). A l'opposé, Condillac ne manque pas d'examiner la réciproque, c'est-à-dire le cas du perroquet qui possède la faculté d'articuler, mais avec qui nul ne peut vraiment s'entendre. Pourquoi, selon le *Traité des animaux*, être très attentif à cette bizarrerie ? D'abord, nous ne pouvons pas disposer avec lui de ce « fond commun » dont on sait le caractère indispensable ; nous ne vivons pas de la même manière. De plus, son propre langage d'action diffère telle-ment du nôtre et inversement, qu'il ne réagira pas « à l'action de nos bras, à l'attitude de notre corps, à l'altération de notre visage ». Nous n'habitons pas le même milieu que lui, à la limite. Bref, il se caractérise (et par là, il trompe ou amuse) par une possibilité ponctuelle, extérieure à sa propre nature, de faire écho à nos sons, sans que ceux-ci puissent rien éveiller en lui ou lui servir à s'exprimer lui-même. Il s'agit donc d'une drôlerie ou d'un mimétisme, nullement d'un moyen relation-nel, en dépit d'une capacité organologique commune (la pho-nation). « Ajoutez à cela, conclut le *Traité des animaux*, que les circonstances ne lui font pas, comme au chien, sentir le besoin de connaître nos pensées » [2]. Il vit moins de nous et avec nous.

Il ne semble pas possible de refuser un certain « langage aux animaux ». Certes, Condillac le limite à tous égards : il est et n'est qu'un outil d'échange pratique, alors que l'homme accédera à un palier que nous examinerons plus tard. L'animal demeure confiné dans la seule « action » et ne dispose que de signes « expressifs » ou naturels, nullement de ceux que Condillac nommera « d'institution ».

1. *Id.*, p. 485, [1798, p. 545 ; p. 160].
2. *Traité des Animaux*, p. 485, [1798, p. 547 ; p. 161].

On pourrait alors soutenir que Condillac, lui aussi, retombe dans le dualisme qu'il a tant combattu, mais nous montrerons que le second palier sort du premier qu'il exhausse et qu'il transforme ; nous comprendrons aussi l'impossibilité pour l'animal de réussir ce passage.

Afin de séparer l'homme de la bête, les philosophes devront sans doute chercher d'autres critères : ainsi Rousseau, au même moment, dans le *Second Discours* (1754), s'écarte de celui que les Cartésiens et Buffon avaient retenu : d'une part, il accorde beaucoup à l'animal quant aux possibilités de communication et il ne se dirigera donc pas de ce côté afin d'assurer la séparation entre l'homme et l'animal, tous deux également pourvus : « Tout animal a des idées, puisqu'il a des sens ; il combine même ses idées jusqu'à un certain point et l'homme ne diffère à cet égard de la bête que du plus au moins ; quelques philosophes ont même avancé qu'il y a plus de différence de tel homme à tel homme que de tel homme à telle bête. Ce n'est donc pas tant l'entendement qui fait parmi les animaux la distinction spécifique… »[1]. Ce texte de Rousseau aurait pu être écrit par Condillac qui, dans le *Traité des animaux* affirme aussi, comme on l'a déjà vu, entre l'homme et l'animal une seule « différence du plus au moins ».

Le rapprochement ne relève sans doute pas de l'arbitraire, puisque, sur une question toute voisine, Rousseau ne le cache pas : « Je pourrais me contenter de citer ou de répéter ici les recherches que M. l'abbé de Condillac a faites sur cette matière (l'origine des langues) qui toutes confirment mon sentiment et qui peut-être m'en ont donné la première idée »[2]. Laissons là cette convergence reconnue, sans cependant perdre de vue que la comparaison entre les théories de Rousseau et de Condillac va loin, surtout si l'on admet que « la reconstitution de l'état de

[1]. *Discours sur l'origine de l'inégalité parmi les hommes, O.C.*, 1829, t. I, p. 185.
[2]. *Id.*, p. 191.

nature », celle de l'homme avant toutes les additions que la vie sociale lui a jointes, équivaut méthodologiquement à la statue du *Traité des Sensations* de la même année (1754). Tous deux visent l'originel d'abord, avant l'historique ou l'ajouté ou même l'artificiel !

Entre parenthèses, ce qui, selon eux, assurera l'infinie distance entre l'homme et l'animal, par ailleurs si proches, s'il ne se trouve plus dans l'entendement ou la raison, s'appelle « la liberté », ainsi que le conclut le *Traité des animaux* lui-même. Rousseau ne pensera pas autrement. Mais n'anticipons pas trop sur nos conclusions ! Nous n'indiquons cette solution qu'à seule fin de révéler – en dépit de réelles divergences – la proximité entre Rousseau et Condillac sur le problème que nous traitons, leur commun éloignement de la métaphysique classique à l'intérieur de laquelle Buffon continue à s'inscrire et qui compte sur le *logos* (la parole) pour spécifier l'homme, opposé à l'animal.

D'autre part, – et ne manquons pas la brusque amplification de la discussion ou de l'opposition tant à Descartes qu'à Buffon – Rousseau ira plus loin que Condillac, plus timide : il montrera que l'homme, bien qu'homme, peut ne pas parler, sinon alors comme l'animal, avec des gestes et des cris. Il apportera des preuves assez étonnantes selon lesquelles l'homme peut exister sans devoir articuler des mots !

Le Discours de 1754 ne laisse pas de doute : « Un pareil commerce n'exigeait pas un langage beaucoup plus raffiné que celui des corneilles ou des singes. (...) Des cris inarticulés, beaucoup de gestes et quelques bruits imitatifs durent composer pendant longtemps la langue universelle »[1]. Ou encore, non moins net : « Le premier langage de l'homme, le langage le plus universel, le plus énergique et le seul dont il eût besoin

---

1. *Id.*, p. 215.

avant qu'il fallût persuader des hommes assemblés est le cri de la nature »[1].

Mais Rousseau déborde de loin Condillac : il peint les premières civilisations, toujours avec l'intention de dissocier plus nettement encore homme et langage. Il s'attarde même sur les orangs-outangs, chers à Buffon mais n'accepte pas sur ce point ses conclusions : « On ne voit point les raisons sur lesquelles les auteurs se fondent pour refuser aux animaux en question le nom d'hommes sauvages, mais il est aisé de con-jecturer que c'est à cause de leur stupidité et aussi parce qu'ils ne parlaient pas, – raisons faibles pour ceux qui savent que, quoique l'organe de la parole soit naturel à l'homme, la parole elle-même ne lui est pourtant pas naturelle »[2]. Ainsi échouerait le critère de clivage que les philosophes adoptaient et que Condillac, en effet, ne reprendra pas vraiment (les animaux parlent). Il s'alignera en partie sur Rousseau : les deux auteurs s'unissent, dans la même réfutation, encore que Rousseau entre dans mille détails et déploie tout un arsenal d'arguments afin de lézarder la thèse séculaire. Il intensifie le débat.

Il évoque, entre autres et avec quelle force :

a) les faux raisonnements qui servent à abaisser l'animal. Par exemple, un voyageur, qui relate l'incapacité de ces an-thropomorphes à rallumer le feu qui s'éteint, conclut : « Ils n'ont point assez de sens pour l'entretenir en y apportant du bois ». Mais le foyer, que les Noirs allument, lutte moins, selon Rousseau, contre le froid qu'il ne sert à effrayer les bêtes féro-ces ennemies. On conçoit que les animaux des bois ne tiennent pas à alimenter une flamme, eux qui, comme le remarque Rousseau, « savent enterrer leurs morts et se faire des toits de branchages »[3]. Comment croire qu'ils ne pourraient pas pous-ser des tisons dans le feu ?

1. *Id.*, p. 193.
2. *Id.*, p. 269.
3. *Id.*, p. 270.

Et Rousseau saisit l'occasion pour discréditer ceux que Buffon suivait à la lettre, les observateurs des contrées lointaines (le Congo, le Mexique, la Tartarie, etc.) ou les explorateurs, aux récits romanesques et faussés. Ils ont bien quitté l'Europe mais n'ont pas abandonné leurs préjugés.

Qui étaient-ils ? On en connaît de quatre sortes, les marins, les marchands, les soldats et les missionnaires. Or, ajoute Rousseau, « on ne doit guère s'attendre que les trois premières classes fournissent de bons observateurs et quant à ceux de la quatrième, occupés de la vocation sublime… »[1].

Mieux, – moment inoubliable du *Discours* – Rousseau appelle de ses vœux « un philosophe qui voyage ! ». Qu'il renoue avec une tradition perdue, celle des Platon, des Thalès et des Pythagore ! Et surtout qu'il puisse renoncer à son Européanocentrisme, tant il est vrai d'ailleurs et en plus que « nous ne connaissons d'hommes que les seuls Européens »[2]. N'ont aussi entrepris de longs périples, et jusqu'au fond des forêts, que de rares académiciens, des savants, surtout des botanistes ou des géomètres (allusion à Maupertuis), mais tous ces curieux n'étudiaient que « des pierres et des plantes », voire la forme de la Terre. Qu'au moins une fois, souhaite Rousseau, un penseur « puisse étudier les hommes et leurs mœurs et qu'après tant de siècles employés à mesurer et considérer la maison, on s'avise enfin d'en vouloir connaître les habitants »[3].

b) Rousseau prend aussi en compte les enfants abandonnés à leur naissance, livrés à des bandes de loups ou d'autres sociétés animales – Condillac aussi – tel l'enfant trouvé en 1694 « qui marchait sur ses pieds et sur ses mains, n'avait aucun langage et formait des sons qui ne ressemblaient en rien à ceux

---

1. *Id.*, p. 272.
2. *Id.*, p. 271.
3. *Id.*, p. 273.

d'un homme »[1]. Faut-il alors lui dénier l'humanité ? Allons-
nous le ranger dans l'ensemble des animaux, sous couleur de
son quasi mutisme ? Buffon n'est-il pas mis en difficulté avec
ce cas difficile à classer ? « On ne peut douter, écrit Rousseau,
qu'après avoir remarqué son silence et sa stupidité, ils (les
voyageurs) n'eussent pris le parti de le renvoyer dans les bois
ou de l'enfermer dans une ménagerie (…) comme une bête fort
curieuse qui ressemblerait assez à l'homme »[2].

Le si célèbre indice (il ne lui manque que la parole) destiné
à discriminer l'homme et à l'éloigner de l'animal, se trouverait
en défaut. Condillac l'a déjà secoué mais Rousseau l'avait, au
même moment, invalidé.

Nous avons élargi le cercle de la querelle, mais afin d'en
mettre en évidence l'importance. Au demeurant, rien n'est
vraiment tranché[3].

1. *Id.*, p. 271.
2. *Id.*, p. 271.
3. On bute, en effet, non pas sur une mais sur plusieurs situations intermédiaires, intercalées subtilement entre l'homme et l'animal : a) d'une part, celle
de l'orang-outang qui ressemble entièrement à l'homme au point que n'importe
qui s'y méprend. « Je l'avoue, remarque Buffon, si l'on ne devait juger que par
la forme, l'espèce du singe pourrait être prise pour une variété dans l'espèce
humaine : le Créateur n'a pas voulu faire pour le corps de l'homme un modèle
absolument différent de celui de l'animal, (…) il a pénétré ce corps animal
(celui du singe) de son souffle divin » (*Nomenclature des singes, O.C.*, t. VIII,
p. 145). b) d'autre part, en sens inverse, on croise des quasi-pygmées (la moitié
de la hauteur de l'homme) qui semblent plus proches des quadrumanes, mais
qu'on doit rapprocher de l'homme, plus ou moins dégénéré cependant.
   On se heurte à des cas non moins embrouillés : « Le philosophe Gassendi
ayant avancé, sur le rapport d'un voyageur nommé Saint-Amand, qu'il y avait
dans l'île de Java une espèce de créature qui faisait la nuance entre l'homme et
le singe » (*O.C.*, t. VIII, p. 155).
   Ainsi du moment qu'on peut tabler tant sur l'homme-animal que sur
l'animal-homme – les deux extrêmes de la superposition – on peut se livrer,
sans difficulté, au jeu de toutes les argumentations !
   Sur cette question que nous continuons à élargir, ajoutons encore que nous
nous limitons aux Classiques et à ceux qu'on nomme les Philosophes, mais il
n'est pas exclu qu'hommes de lettres et de théâtre se passionnent au sujet de
cette différence entre l'homme et l'animal.

On ne s'en trouve pas moins à un tournant : on comprend autrement la nature de l'homme et on n'hésite pas, du moins Rousseau ainsi que Diderot, à abandonner l'*homo loquens*. On saisit surtout qu'on ne gagne rien à priver la bête des moyens d'échanges ou de commerce tant avec ses semblables qu'avec l'homme même.

Ce dernier, lui aussi pourrait ne pas savoir ou pouvoir parler, si l'on suit Rousseau : à moins de s'enliser, ne suivons pas cette direction. Mais Condillac, en bon cartésien, ne cède pas à ce nouveau vertige définitionnel et défend une position assurément moins radicale : pour lui, l'homme se caractérise par son pouvoir de parler et d'écrire – nous l'expliquerons – mais il ne refuse pas pour autant à l'animal une correspondance par des signes.

II) Seconde source de discorde : pour Buffon, toujours pris à partie, l'animal ne peut innover. Comme on le sait, il se refuse aux fables et aux récits anthropomorphisés, sinon truqués : « Ils n'inventent, ils ne perfectionnent rien, ils ne réfléchissent par conséquent sur rien ; ils ne font jamais que les mêmes choses de la même façon »[1]. Autre leitmotiv qui renforce le précédent : « Ils ont des sensations [nous rappelons qu'elles diffèrent des nôtres selon Buffon] mais il leur manque la faculté de les comparer, c'est-à-dire la puissance qui produit les idées, car les idées ne sont que des sensations comparées,

---

Dans son *Lire Marivaux*, un critique, Claude Roy voit la clé de Marivaux dans le Miroir et il écrit : « Ce qui distingue l'homme du reste de la création, est-ce la parole, l'usage des mains, le rire, les passions ? Non, c'est le pouvoir de réfléchir et de se réfléchir » (*Lire Marivaux*, Les Cahiers du Rhône, 1947, chap. III, « Miroirs », p. 51).

Marivaux apporterait donc une solution originale : « Le se voir soi-même en train de se voir ou d'être vu », alors que souvent nos Classiques ne sortent pas assez du cercle traditionnel (l'entendement ou la volonté, c'est-à-dire, ou bien le langage ou bien la liberté).

1. Buffon, *O.C.*, t. V, p. 257.

ou, pour mieux dire, des associations de sensations »[1]. Il faut
donc mettre fin aux romans de l'architecture, de la géométrie,
de la prévoyance ou du dévouement mutuel !

Buffon, sur un point de méthode, s'accorde avec
Condillac : on n'accède pas à la connaissance directe des
êtres ; on ne les juge ou ne les infère qu'à travers leurs opérations (« Il ne voit, il ne touche donc que la surface »). Or, en
ce qui concerne les bêtes, Buffon regarde leurs actions comme
frappées d'un double sceau : l'uniformité – toutes se compor-
tent de la même façon, aucune trace d'originalité – et l'immua-
bilité (l'abeille ne varie pas plus que le castor ou la fourmi).
N'est-ce pas la preuve de la mécanisation, jusqu'à leur ôter
toute spontanéité ainsi que la moindre perfectibilité ? Et
Buffon saisira l'occasion pour en glorifier Dieu : « Lequel en
effet a de l'Etre suprême la plus grande idée, celui qui le voit
créer l'univers, (…) fonder la nature sur des lois invariables et
perpétuelles ou celui qui le cherche et veut le trouver attentif
à conduire une république de mouches et fort occupé de la manière dont se doit plier l'aile d'un scarabée ? »[2].

La controverse rebondit donc, puisque comme nous
l'avons annoncé, Condillac conteste cette interprétation et préconise la théorie inverse.

Dans le chapitre II de la Seconde partie du *Traité des
animaux*, on lit « les bêtes inventent »[3] et une note ajoute : « Je
dis donc qu'ils (les animaux) inventent, qu'ils perfectionnent ». Condillac ouvre une nouvelle discussion afin de
défendre une animalité dévalorisée sans fondement.

a) Pour Condillac, l'animal tirerait, en effet, de sa seule
expérience des conclusions utiles. Ainsi, si une pierre qui
tombe le frappe, ne se méfiera-t-il pas à l'avenir ? Il reprend
l'adage « chat échaudé craint l'eau froide ». Inversement, si la

1. *Id.*, p. 558.
2. *O.C.*, t. V, p. 589.
3. *Traité des Animaux*, p. 476, [1798, p. 530 ; p. 153].

chute d'une feuille d'un arbre ne saurait l'offenser, pour reprendre l'exemple du philosophe, il ne s'en inquiétera pas. Il apprend donc à comparer et à juger des différences. En conséquence, il se déplacera avec sûreté, aisance et même rapidité. D'où la conclusion de Condillac : « Quand nous marchons, quand nous nous détournons d'un précipice, quand nous évitons la chute d'un corps, et dans mille autres occasions, que faisons-nous de plus qu'eux ? » [1].

Pour fortifier son analyse, Condillac remarque encore que l'animal, au début, ne se conduit pas aussi intelligemment ni de manière aussi certaine. « Dans les commencements, elles [les bêtes] ne savent pas toutes ces choses, comme elles les savent lorsqu'elles ont plus d'expérience » [2]. Les animaux s'informent et même vite, souvent à leurs dépens.

Buffon ne s'est-il pas contredit ? « L'éducation des animaux, écrit-il, quoique fort courte, est toujours heureuse : ils apprennent en très peu de temps presque tout ce que savent leurs père et mère. (...) Les jeunes animaux se modèlent sur les vieux » [3]. Dans la *Nomenclature des singes*, donc plus tard, Buffon affinera cette remarque et tentera d'en effacer le mauvais effet : il reviendra même à son dualisme et distinguera deux types de formation, l'une qui se soucie seulement du corps et l'autre qui porte sur l'âme ; or, cette dernière dure longtemps, à la différence de l'autre, rapide, brève, commune aux animaux et à l'homme. « Il y a deux éducations qui me paraissent devoir être soigneusement distinguées... » [4]. Buffon parvient cependant, et avec une incomparable subtilité, à solidariser les deux apprentissages : comme le premier s'exerce lentement chez l'enfant, on pourra greffer le second sur lui. « En soignant le corps, ils (les parents) cultivent l'esprit. (...)

1. *Traité des Animaux*, p. 477 (note), [1798, p. 531-532 ; p. 154].
2. *Id.*, p. 477 (note), [1798, p. 531-532 ; p. 154].
3. *O.C.*, t. V, p. 586-587.
4. *O.C.*, t. VIII, p. 146.

Le commun des animaux est plus avancé pour les facultés du corps à deux mois que l'enfant ne peut l'être à deux ans. (…) Les animaux se détachent de leurs petits dès qu'ils les voient en état de se pourvoir d'eux-mêmes, dès lors ils se séparent et bientôt ne se connaissent plus, en sorte que tout attachement, toute éducation cessent de bonne heure »[1]. Soit, mais on a beau diminuer la longueur, l'importance ou la nature même de la modélisation, on ne l'a pas niée. Or, elle va à l'encontre de la machinerie. On n'apprend pas à un dispositif matériel à mieux fonctionner !

a) Un argument d'importance, il est vrai, se met au travers de la réfutation condillacienne : les animaux ne répètent-ils pas toujours la même conduite ? N'est-ce pas là de l'automatisme, parfois de l'aveuglement, en tout cas, la marque de l'impersonnel en eux ?

Plus, on plie sans peine les animaux à des conduites qu'on leur dicte : on les dresse à « refaire ce qu'ils ont fait ». Qui pourrait contester leur docilité et leur malléabilité ? Buffon le signale : « L'imitation est, de tous les résultats de la machine animale, le plus admirable, c'en est le mobile le plus délicat et le plus étendu, c'est ce qui copie de plus près la pensée, et, quoique la cause en soit dans les animaux purement matérielle et mécanique, c'est par ces effets qu'ils nous étonnent davantage »[2].

Mais Condillac réussira, croyons-nous, à écarter cette difficile objection : d'abord, selon lui, les bêtes parviennent toutes et vite et en même temps – nous verrons ultérieurement pourquoi – à des résultats efficaces ou satisfaisants. Pourquoi en changeraient-elles ? Si tous les oiseaux construisent de même leur nid, n'y voyons pas un quelconque mimétisme et ne profitons pas de leur judicieuse constance pour les en blâmer ! « S'ils font tous la même chose, selon le *Traité des animaux*,

1. *O.C.*, t. VIII, p. 146-147.
2. Buffon, *O.C.*, t. V, p. 584.

ce n'est pas qu'ils se copient, c'est qu'étant tous jetés au même moule, ils agissent tous pour les mêmes besoins et par les même moyens »[1]. De même, la perfection de leur industrie empêche la rectification comme son évolution.

Condillac estime tellement leur construction – notamment celle des abeilles ou des castors – qu'il s'insurge par avance contre les philosophes du futur qui opposeront l'architecte à l'animal bâtisseur : en effet celui-ci, selon Condillac, se représente (et dans sa tête) ce qu'il édifie. « Les bêtes inventent même encore, si par là on entend se représenter d'avance ce qu'on va faire. Le castor se peint la cabane qu'il veut bâtir, l'oiseau le nid qu'il veut construire. Ces animaux ne feraient pas ces ouvrages, si l'imagination ne leur en donnait pas le modèle »[2]. On ne peut pas refuser à l'animal « une représentation préalable », la comparaison, le jugement, l'appréciation, ainsi que la faculté de moduler son œuvre au gré des circonstances. Ici Condillac n'hésite pas à prolonger Réaumur l'expérimentateur qui essayait en vain de dérouter ou d'entraver l'abeille ou la fourmi, mais celles-ci réussissaient à contourner les obstacles et finissaient toujours par assembler leurs matériaux et imposer leur maçonnerie ; elles savaient aussi corriger leurs propres erreurs.

b) Mais, – c'est sans doute l'un des thèmes les plus originaux et les plus piquants du *Traité des animaux* – non seulement l'animal n'imite pas, bien qu'on ait cherché à l'inférioriser par là, mais, en plus, selon Condillac, seul l'homme peut ou sait « copier ».

Un chapitre entier – le troisième de cette Seconde Partie – développera l'idée de ce renversement. Il commence ainsi, non sans reconnaître l'aspect paradoxal de l'affirmation : « On croit communément que les animaux d'une même espèce ne font tous les mêmes choses que parce qu'ils cherchent à se

1. *Traité des Animaux*, p. 530, [1798, p. 629 ; p. 200].
2. *Id.*, p. 476, [1798, p. 530-531 ; p. 153-154].

copier, et que les hommes se copient d'autant moins que leurs actions diffèrent davantage. Le titre de ce chapitre passera donc pour un paradoxe... »[1]. Condillac ne se borne plus à réfuter Buffon, il l'inverse et, en conséquence, appelle l'homme « un copiste ».

Selon Buffon, comme l'écrit Condillac, « L'imitation n'était qu'un résultat de la machine »[2] ; Condillac y verra la caractéristique majeure de l'intelligence. Nous ne sommes d'ailleurs pas surpris que Condillac l'ait pensé et soutenu : d'abord, quand on lit de plus près le texte, on s'aperçoit que l'affirmation est entourée de nuances : a) nous sommes appelés à choisir le modèle, b) Condillac parle aussi « d'imitateur servile », ce qui prouve qu'il ne défend qu'une reprise, qui ne s'identifie pas à un simple plagiat. Toutefois sur la même page, on lit : « Les inventeurs sont extrêmement rares ; ils ont même commencé par copier et chacun ajoute bien peu à ce qu'il trouve établi »[3].

Toute la philosophie de Condillac consiste à mettre en lumière que le génie arrache seulement ses secrets à la Nature qui, la première, a toujours commencé.

Créer, inventer ne consiste pas en un acte *ex nihilo*, mais en une réflexion sur un implicite, ou alors on s'aidera, à partir de celui-ci, de l'analogie, afin de le prolonger, sinon de l'exhausser (le principe génératif, voire celui d'une combinatoire). D'ailleurs, si l'on pouvait ou savait penser en soi ou avec soi seul (le dialogue de l'âme avec elle-même), dans la pure originalité, on retomberait dans cette métaphysique que la philosophie de Condillac n'a cessé de combattre : l'ambition imaginaire, les entités, l'entendement autonome, l'innéisme, le cartésianisme dans ce qu'il a d'insoutenable et d'arbitraire. La nature s'arrête, pour Condillac, si elle commence : il nous

---

1. *Traité des Animaux*, p. 478, [1798, p. 533 ; p. 155].
2. *Id.*, p. 481, [1798, p. 539 ; p. 157].
3. *Id.*, p. 480, [1798, p. 537 ; p. 156].

appartient seulement et justement de nous en inspirer (la copier) et de la dépasser.

Par là, Condillac prend place dans une longue théorie de penseurs qui ont glorifié à la fois la nature et sa reprise. Eux aussi ont mis l'artiste ou le savant à l'écoute d'un véritable « déjà là » : c'est pourquoi les mots « d'imitation » (dans un sens non-aristotélicien) et surtout de « copie » ont été utilisés avant comme après Condillac ; ils ont connu une certaine fortune. Il faudrait même composer un bouquet en faveur de ce mot, reçu ou compris positivement [1].

Par exemple – plus tard il est vrai – dans *le Paradoxe*, Diderot écrit : « Les grands poètes dramatiques surtout sont spectateurs assidus de ce qui se passe autour d'eux dans le monde physique et dans le monde moral. Ils saisissent tout ce qui les frappe ; ils en font des recueils. (…) C'est d'après eux que l'homme de génie fait sa copie ».

Condillac puise dans un courant, à l'époque, révolutionnaire : l'Abbé Pluche ainsi que l'Abbé Batteux l'ont entretenu, fortifié. Nous devons au moins un mot sur eux, puisque Condillac leur a beaucoup emprunté.

a) L'abbé Pluche, dans sa *Mécanique des langues et l'art de les enseigner* (1751) nous veut explicitement « imitateurs et copistes » !

En dépit de son monogénisme linguistique ou d'une souche commune à tous les parlers, avant leur dispersion, il n'en soutient pas moins – ou d'autant plus – que, pour apprendre le latin, il faut se plonger directement en lui, ne compter que sur les usages (écouter, lire à haute voix les bons auteurs et les reproduire soi-même inlassablement) [2]. La loi voudrait,

---

1. Dans le *Dictionnaire des synonymes* de Condillac, on lit : « On répète un opéra avant de l'exécuter devant le public, c'est qu'en effet on ne s'assure des acteurs qu'en leur faisant répéter leur rôle » (Article « Redire »).

2. L'Abbé Pluche prétend, par là, résoudre une question brûlante : au sortir du collège, les élèves ne savent ni grec ni latin. « A quoi se terminent les études de la plupart des jeunes gens ? Le grec est pour eux un pays inconnu et, quand ils

selon lui, que le son qui frappe l'oreille puisse « être copié par la langue » (en vertu d'une forte liaison audiophonatoire). Il ne faut s'adresser qu'aux sens, les accoutumer aux tours et aux accents : « Ce n'est point la raison, c'est l'oreille qui conduit la langue et qui lui communique à coup sûr ses affections. (…) C'est donc l'expérience et la nature qui nous font ici la loi »[1].

Condillac doit d'autant mieux s'attacher à cette méthode directe qu'elle s'oppose aux exercices abstraits, intellectuels et scolaires. Pluche s'élève contre l'apprentissage pernicieux des règles : « Ce n'est point la grammaire qui engendre l'usage d'aucune langue, mais c'est l'usage d'une langue qui peu à peu engendre la grammaire, les remarques et les règles »[2].

L'Abbé Pluche montrera aussi que l'art du poète et de l'orateur ne vaut que par l'imitation (copier, à son tour) : « Ce que l'esprit attend des sons, des gestes et des couleurs, c'est l'imitation ; partout où celle-ci ne se trouve pas, (…) tous les moyens de plaire ou d'instruire sont perdus »[3]. On n'oubliera pas au passage, – ce qui pourrait justifier ce rappel – que l'Abbé Pluche publia *le Spectacle de la Nature* (1732) où il célébra, lui aussi, les abeilles, les castors et les fourmis, en vulgarisateur de Réaumur.

---

s'aventurent de marcher sans guide dans le latin des bons auteurs, ils n'y trouvent qu'obstacles, que fatigue et qu'obscurité : tout les rebute. (…) Au sortir des études, nous débutons communément par dire adieu au grec et au latin. (…) Mais les études qu'on faisait faire à la jeunesse romaine prenaient un meilleur tour que les nôtres. Presque tous ceux qu'on destinait aux emplois publics apprenaient de bonne heure la langue grecque. (…) On voulait qu'ils la parlassent proprement et légèrement. (…) Aussitôt que les enfants savaient marcher, il était d'usage de mettre auprès d'eux des esclaves, grecs de nation, qui avaient de la politesse et des lettres. En veillant sur les démarches de leurs élèves, ils leur rendaient sans efforts et sans leçons la langue grecque aussi familière que la latine » (Introduction, p. XXVII-XXXII).

1. *La Mécanique des langues et l'art de les enseigner*, Lyon, 1811, p. 178.
2. *Id.*, p. 75.
3. *Id.*, p. 285.

b) L'Abbé Batteux (*Les Beaux-Arts réduits à un même principe*, 1746) devait encore plus favoriser Condillac et sa doctrine nouvelle. L'invention ne consiste pas, pour lui, à surpasser la nature – le choix des beaux-esprits qui précipite le cours de l'afféterie et bientôt celui de la décadence – mais à l'exprimer. En ce qui concerne l'œuvre d'art, l'arrangement y pourvoit, ainsi que la liaison et la brièveté des traits.

Batteux devait d'autant plus inspirer Condillac qu'il participe à la guerre contre la philosophie des Classiques, à leur métaphysique, liée à la grammaire et aux constructions logiques [1].

On prétendait que dans la phrase, ce miroir de l'intelligence, a) on ne pouvait aller que du général au particulier ou encore de la cause à l'effet qui doit la suivre : en conséquence, le substantif qui traduit la substance, se doit de précéder le verbe : il faut être, avant que d'agir, ou exister pour pouvoir opérer ; b) de même, l'adjectif, dans la mesure où il considère le sujet sous telle ou telle modification, ne peut pas s'en séparer et doit aussi le suivre puisqu'il le suppose ; c) enfin le complément achèvera l'énoncé parce que l'effet succède normalement à la cause, etc.

Batteux défendra, avec quelle verve ! – mais il n'est pas le seul et Condillac se joint à lui – les si célèbres inversions que la nature exigeait. Comme il l'écrit, si je veux faire entendre à un homme qu'il doit fuir (ou avancer) commencerai-je par l'engager à s'éloigner (ou s'approcher) ? Nous lui montrerons tout de suite l'objet (j'ai vu un serpent, j'ai fui) et il décidera aussitôt de sa conduite. De même, quand nous parlons par gestes « du pain à moi » : nous montrons le pain, que nous ramenons ensuite à nous. « Du pain à moi » et non pas « donnez moi du

---

1. On est frappé par le fait qu'on lit des passages entiers de tel ou tel auteur transvasés dans tel autre : on ne se prive pas, en effet, de copier. Souvent les philosophies du XVIIIᵉ siècle s'interpénètrent : cette mutuelle fluidité rend difficiles et incertains les partages.

pain » ! Nous crions « au feu », et non pas : « Je vous prie de vouloir me tirer du danger où je suis de perdre ma maison » !

Batteux nous invite à « copier la nature » et non pas à la soumettre, dans nos descriptions, à un ordre tout à fait arbitraire qu'il a mis en cause.

Nous avons retenu ces deux auteurs, parce que, selon eux, ouvertement, l'imitation et la copie (entendre et répercuter la voix de la nature) ont été élevées au rang de principe. La nouveauté ne consiste pas, pour eux, à produire du compliqué et de l'insolite, ni même à seulement construire, mais à réaliser des liaisons plus énergiques et plus solides.

Entre parenthèses, Batteux se réfère à Molière qui n'aurait pas cherché à peindre un original (qu'il aurait trouvé à Paris), dont sa pièce nous aurait proposé « une copie exacte » : elle n'aurait été alors qu'une « histoire ». Pourquoi cette remarque adventice ? Dans le *Traité des animaux*, Condillac mentionne le même cas : « Quand Molière, signale une note, a inventé un caractère, il en a trouvé les traits dans différentes personnes et il les a comparés pour les réunir dans un certain point de vue. Inventer équivaut donc à trouver et à comparer » [1].

Fermons cette analyse. Nous voulions, à nos risques, commenter la belle formule de l'homme comme « copiste » et retourner contre Buffon l'argument dont il se servait pour caractériser et diminuer l'animal.

Pour Condillac, non seulement on peut rendre compte autrement de l'uniformité (prétendue) de la conduite des animaux, mais il réserve la possibilité de mimer à l'homme seul.

De plus, nous souhaitions comprendre le sens d'une remarque incidente, selon laquelle non seulement l'homme « copie » mais « ajoute bien peu à ce qu'il trouve établi, lorsqu'il invente » [2]. Or, la nature ouvre la voie et les génies lui emboîtent le pas, mais, en outre, ils se bornent seulement à des « liaisons »

1. *Traité des Animaux*, p. 477, [1798, p. 532 ; p. 154].
2. *Id.*, p. 480, [1798 ; p. 537 ; p. 156].

plus fortes. Ils combinent ou ils assemblent. Dès l'*Essai* (1746) Condillac traquait les facultés de synthèse ou les puissances mystérieuses qui transcendent les données (les reliquats de l'innéisme), alors qu'elles les expriment fortement, grâce aux analogies ou aux rapprochements.

III) Le troisième et dernier argument relatif aux conduites socio-morales se trouve tellement impliqué dans les deux précédentes discussions qu'on peut se dispenser d'y insister.

Si, en effet, les animaux échangent entre eux et s'ils vivent d'ailleurs souvent en troupes, s'ils construisent et travaillent de concert (abeilles et castors), comme pourraient-ils rester dans l'ignorance les uns des autres ? Comment leur refuser des capacités organisationnelles ? Comment contester leur soumission à cette « cause commune », celle de la bande ou de la fourmilière ? On refusera assurément des mots trop gonflés de sens (le dévouement, le sacrifice, l'obéissance) mais on ne saurait nier ce que les observateurs ont relaté : la synergie des individus tous voués au travail collectif, ainsi que des communications entre les participants à cette même tâche (l'exemple de la ruche forme la référence la plus constante et il n'est pas possible, selon le *Traité des animaux*, de transformer celle-ci en une simple addition d'individus mis côte à côte et non solidaires).

L'un des inspirateurs de Condillac l'a relevé avec précision : « Ils (les castors) ont compris qu'ayant besoin, pour bâtir leur domicile, d'être aidés les uns des autres, il fallait se mettre en société. Ils s'associent donc trente, quarante, plus ou moins ensemble. (...) Les uns vont au bois, les autres à la terre glaise. (...) Là, l'un fait office de maçon, l'autre, celui de manœuvre, un autre celui d'architecte. (...) On se représente les Tyriens bâtissant Carthage. Sans doute les paresseux ou les mutins sont punis. Les sentinelles font leur devoir. L'ouvrage est conduit à sa perfection. (...) N'est-il pas évident qu'une entreprise si bien suivie et si bien exécutée suppose nécessairement que les animaux se parlent. (...) Rappelez-vous la

Tour de Babel ! » [1]. Bref, ne séparons pas l'échange, le travail et la vie commune.

Comme nous l'avons indiqué précédemment, Condillac dirige contre Buffon deux types de critique : a) il se sépare entièrement de lui par sa compréhension tant de la vie animale qu'humaine, mais b) dans la Première partie du *Traité des animaux*, qui relève presque d'un autre genre (elle comporte des gerbes de citations), ils se livre à l'examen des textes de Buffon ; il vise à en relever les fausses habiletés, mais aussi les incertitudes, les amphibologies et les incohérences.

Alors qu'il a pris le contre-pied de Buffon, il cherche ou a cherché préalablement à l'opposer lui-même à lui-même.

Les deux moments ne se séparent vraiment pas : nous ne les distinguons que par commodité. Il nous faut évoquer brièvement le quasi textuel, celui par où Condillac a engagé le combat. Condillac a révélé, dans cette bataille, son talent d'analyste, mais, malgré l'importance de ce style de réfutation, nous nous en tiendrons seulement à trois remarques.

En règle générale, comment Condillac procède-t-il ? Avec quelle stratégie argumentative réussit-il ?

Buffon, en biologiste averti et incomparable – notamment dans son *Discours sur la nature des animaux* – avait esquissé de justes et belles divisions : il avait retenu, par exemple, le partage entre l'ininterrompu et l'alternatif, (le rythme de la veille et du sommeil), le constant et le passager, entre l'extérieur et l'intérieur ou l'extrémité et le centre, entre le végétatif en l'animal et l'animal proprement dit, entre les divers sens eux-mêmes (il semblait que l'excroissance de l'un s'accompagnait de la diminution des autres). Or, il suffira à Condillac d'amplifier ces clivages pour qu'ils s'effritent : Buffon ne se perd que parce qu'on exagère l'analyse qu'il n'a que dessinée.

---

1. Abbé Bougeant, *Amusement philosophique sur le langage des bêtes*, p. 74-75.

Condillac triomphe parce qu'il maintient l'unité basale et ne s'en écarte pas (la solidarité des activités). Si on ne commence pas par la vitalité première et indécomposable, on court, en effet, mille difficultés : on ne peut plus rassembler ce qu'on a trop divisé, sinon même brisé. La dialectique condillacienne consiste à célébrer cette « continuité psychosomatique » contre Buffon, qui a tenté de trop différencier, qu'on présente en conséquence, déformé, dans la mesure où on durcit ses propres lignes.

Trois courtes remarques, avons-nous dit, suffiront à traduire cette nouvelle forme de critique :

1) Le mot « sentir » chez Buffon comporterait au moins deux sens différents, et Buffon glisserait de l'un à l'autre : ou bien un mouvement à l'occasion d'un contact qu'enregistre et transmet le récepteur sensoriel, ou bien alors la prise en compte consciencielle du choc.

A peine Buffon a-t-il admis celui-ci, qu'il se hâte de revenir au premier schéma, parce qu'il se refuse à ce que les animaux sentent comme nous et nous ressemblent entièrement.

Autre embarras propre à Buffon, la dualité, en l'homme même, c'est-à-dire le fait d'admettre deux couches, deux espèces de sensation, les corporelles (réservées aux animaux) et les spirituelles, l'entraîne dans d'évidentes apories.

Toutes les difficultés sont assurément liées aux découpages : inversement une théorie unitaire (celle de Condillac) ne les rencontre pas !

Ainsi une complication va encore vite s'ajouter aux précédentes, celle des liens entre l'âme et le corps, entre la transmission du mouvement et sa réception-compréhension. Condillac ne s'en inquiète pas, puisqu'il n'a jamais perdu « leur indissociabilité », mais, à partir du moment où on a défini une propagation strictement corporelle, comment alertera-t-elle l'âme ? « Un seul moi formé de deux principes sentants, l'un simple, l'autre étendu, est une contradiction manifeste ; ce ne serait qu'une seule personne dans la supposition, c'en serait deux dans le vrai » [1].

Buffon aurait trop tenu à différencier ou à affiner, voire à préciser les circuits nerveux : il imagine donc un ébranlement subtil qui monte au cerveau ; en celui-ci, il a disposé « un sens interne », d'où, selon lui, l'animal serait prévenu au-dedans, mais il escamote le problème : on ne passera jamais d'un mouvement à son interprétation, si on n'a pas admis directement celle-ci. L'hypothèse la plus simple et la seule soutenable veut qu'on chasse ces constructions et qu'on admette enfin, par voie de conséquence, « que les bêtes sentent comme nous et nous comme elles ». Ecartons le physiologisme matériel, ainsi que ses territoires distincts ou distants.

Mettons au même rancart l'explication que Buffon donne de la conduite du chien de chasse, dont il a déjà été question : la bête serait soumise à de prétendues forces contraires qui se contrebalanceraient, puis elle finirait par pencher dans un sens, le plus fort, qui la commanderait. Il fallait postuler trois déterminations comme si « le chien était poussé comme une boule » [2] ! Ne vaut-il pas mieux penser que l'animal suit son plaisir et fuit la douleur ? Mais Buffon s'y refusait, parce qu'il récuse l'usage de ces termes sans doute trop subjectifs, ceux de désir ou d'attirance : « Cette interprétation – note ironiquement Condillac – est vulgaire, dira M. de Buffon, j'en conviens, mais elle a du moins un avantage, c'est qu'on peut la comprendre » [3]. Bref, Buffon construit des schémas explicatifs, mais jamais, en toute hypothèse, il ne sortira du mouvement autre chose que du mouvement et sûrement pas « la conscience » de l'utile ou de ce qui assure la conservation.

Il va de soi que Condillac blâme en Buffon ses considérations et échafaudages trop mécaniques : il dissocierait

1. *Traité des Animaux*, p. 437, [1798, p. 460 ; p. 119].
2. *Id.*, p. 446, [1798, p. 476-477 ; p. 126].
3. *Traité des Animaux*, p. 446, [1798, p. 477 ; p. 127].

tellement les ensembles qu'il ne pourrait plus en réassortir les fragments.

2) Buffon aurait essayé de sortir de la difficulté par une habile manœuvre : recourir à de très subtils stimuli qui viennent frapper « un capteur » sensible (le moins obtus de tous), lui-même lié à notre appétit, ainsi, le jeune animal « au moment de sa naissance, est averti de la présence de nourriture et du lieu où il faut la chercher par l'odorat, lorsque ce sens est ébranlé par les émanations du lait » [1].

Mais pour Condillac, ces termes d'appétit, comme ceux d'instinct, doivent être éliminés. Ils ne servent qu'à cacher le problème : autant Condillac admet « la corporéité première », autant il s'insurge contre ce qu'on lui ajoute ou ce dont on la charge. Le prétendu instinct dissimule justement les connaissances élémentaires qu'élabore l'animal, qui tire du plaisir et de la douleur, donc, de la seule sensation rarement neutre, des règles de comportement ; il les transforme ensuite en habitudes sûres. L'animal, dès le début, enregistre : il retient et il compare ; il se forge du passé qu'il vient de vivre une « pratique ». Quant à l'appétit (l'impulsion vers), – substantif plus sournois et, partant, critiquable – qui trempe à la fois dans le strictement physiologique et dans le psychique, il réintroduit dans l'animal ce qu'on ne pouvait pas reconstruire, la tendance vers ce « qui convient », ou les valeurs nutritives. Le tour est joué, mais un tel appétit, selon Condillac, n'existe pas plus que l'instinct (d'ailleurs n'est-ce pas le même mot ? « Instinct, à consulter l'étymologie, est la même chose qu'impulsion » [2]) : « On a établi comme un principe incontestable que l'homme qui obéit à ses appétits ne fait que suivre l'impulsion du pur mécanisme, ou tout au plus d'un sentiment privé de connaissance et c'est là sans doute ce qu'on appelle agir par instinct » [3].

1. *Id.*, p. 442, [1798, p. 469-470 ; p. 123].
2. *Traité des Animaux*, p. 443, [1798, p. 471 ; p. 124].
3. *Id.*, p. 443, [1798, p. 471 ; p. 124].

Indiscutablement, on profite de l'équivoque de la notion : à la fois force physique et simple tendance.

Critique supplémentaire qui renforce la précédente et achève ainsi de démolir la construction : pourquoi avoir détaché l'odorat qu'on privilégie ? Non seulement on le lie à nos besoins insidieusement, mais on le sépare des autres sens, qu'on tient pour « plus obtus ». Rien n'est plus anti-condillacien, parce que, pour lui, aucun organe n'existe vraiment par lui seul, mais aussi parce que tous s'interpénètrent, l'odorat, davantage encore que les autres appareils réceptifs, qui ne saurait s'exercer sans le secours de la vue ni surtout du toucher.

Pour minimiser l'animal, on l'anatomise à l'excès, mais on ne peut plus vraiment comprendre le jeu complexe de la sensorialité : « Pour être plus faciles et plus vifs, je ne vois pas que ces ébranlements en indiquent davantage le lieu des objets. Des yeux qui s'ouvriraient pour la première fois à la lumière ne verraient-ils pas encore tout en eux, quand même on les supposerait beaucoup moins obtus que l'odorat le plus fin ? »[1]. Et Condillac ajoute même : « Obtus ou non, il n'y a rien dans ce sens (l'odorat) qui puisse faire soupçonner qu'il y ait de la nourriture quelque part ».

Une seule issue s'offre : renoncer aux préjugés et ne pas priver la bête de nos ressources psychovitales – la comparaison, la mémoire, le jugement, le raisonnement même, bref, l'animal s'instruit, comme nous, des leçons de la nature qui les lui prodigue (les bêtes, pour Condillac, ont donc le jugement et non moins la mémoire, non pas une simple réminiscence qu'on leur concéderait : « Si la réminiscence n'est que le renouvellement de certains mouvements, ou pourrait dire qu'une montre a de la réminiscence et si elle n'est que le renouvellement des sensations, elle est inutile à l'animal »[2].

1. *Id.*, p. 445, [1798, p. 474 ; p. 125].
2. *Traité des Animaux*, p. 451, [1798, p. 485 ; p. 131].

3) Le chapitre VI, enfin, revient sur l'essentiel, aux yeux de Condillac, l'interdépendance des éléments du réseau vital sensoriel. Ici, Condillac attaque Buffon avec plus de mordant encore, sur son terrain de prédilection.

Dans l'*Histoire naturelle* («L'homme, de la nature de l'homme»), Buffon avait largement analysé, et avant Condillac, la dite sensorialité : il y examinait les divers appareils sensibles les uns après les autres. La vue, par exemple, s'avérait capable alors d'informations nombreuses : «Les yeux voient, selon Buffon résumé par Condillac dans le *Traité des animaux*, par eux-mêmes des objets. (…) Ils aperçoivent des grandeurs, des figures, des situations, ils ne se trompent que sur le nombre et la position des choses et si le tact est nécessaire à leur instruction, c'est moins pour leur apprendre à voir que pour leur apprendre à éviter les erreurs où ils tombent» [1].

Buffon s'accorde donc partiellement avec les conclusions du chirurgien Cheselden qui avait opéré, en 1728, un aveugle de naissance, âgé de treize ans : il publia, comme le précise Buffon, dans les *Philosophical transactions* (n° 402), non seulement le compte-rendu de son intervention mais surtout ses observations sur la façon dont ce jeune homme commença à voir.

Molyneux avait d'ailleurs prédit cette réponse : selon lui, on ne peut pas, par la seule vue, distinguer la sphère du cube ; effectivement l'aveugle revenu à la vue ne les discriminait pas et l'hypothèse de Molyneux semblait bien vérifiée.

Le problème soulevé par Molyneux-Cheselden a suscité tant de polémiques qu'il nous est impossible de les restituer et même de les résumer : Voltaire, Diderot, entre autres, animeront cet interminable conflit et tous en tireront la confirmation de leurs points de vue, fussent-ils opposés. Pour accentuer encore l'indéchiffrable de cette «expérience physiologique et

1. *Id.*, p. 453, [1798, p. 489 ; p. 133].

philosophique », bien que réelle et simple, nous ajouterons ce que Buffon a lui-même relevé : « Ce jeune homme, quoique aveugle, ne l'était pas absolument et entièrement : comme la cécité provenait d'une cataracte, il était dans le cas de tous les aveugles de cette espèce qui peuvent distinguer le jour de la nuit, il distinguait même à une forte lumière le noir, le blanc, et le rouge vif qu'on appelle écarlate »[1].

Nous ne retiendrons que ce qui a trait à la querelle Buffon-Condillac : ce dernier y voit la consécration de sa philoso phie, en ce sens que le toucher doit éduquer la vue, parce que celle-ci, réduite à elle seule, ne distingue rien. Or, Buffon affirmait, au contraire, que l'œil voit, bien que mal : le tact ne sert qu'à rectifier les erreurs d'une perception visuelle autonome et maladroite. Buffon a donc accordé au regard ce que le *Traité des sensations* lui refusait.

Sur le chemin qu'il a pris, Buffon devait de plus en plus s'engager dans des problèmes insolubles, sur la prétendue vision double, ainsi que sur la renversée : « Les images qui se peignent sur la rétine sont renversées et chacune se répète dans chaque œil. Je réponds qu'il n'y a d'image nulle part. (…) Il n'y a, suivant les principes mêmes de M. de Buffon, dans la rétine qu'un certain ébranlement »[2].

Le physiologiste, qui veut toujours éclairer une activité psychophysiologique avec des moyens nerveux, – (ce n'est plus l'œil qui est alors en jeu, d'ailleurs, mais un regard extérieur qui en scrute un autre, non plus la rétine mais une rétine qui en perçoit une seconde) – se perd de plus en plus. Cette discussion confirme l'antagonisme de fond des deux méthodes : l'unitaire de Condillac hostile à la trop analytique de Buffon,

---

1. *De l'Homme, Histoire Naturelle*, éd. Lacépède, t. V, p. 147. Cette intervention se répand : ainsi, en 1749, un oculiste prussien aurait opéré un aveugle-né, du nom de Simonneau, mais en présence de Réaumur qui, lui aussi, commenta les résultats (relativement à la vision et à l'origine des idées).

2. *Traité des Animaux*, p. 454, [1798, p. 491-492 ; p. 134].

qui implique des clivages et indirectement la dévalorisation de l'animal.

Sur l'ouïe, Condillac répète la même accusation : même cause, même perspective, même erreur. Buffon a supposé que l'œil voit naturellement des objets, « il a cru aussi que nous entendons plusieurs sons distincts »[1].

A deux reprises, et ici notamment, Buffon a usé d'un stratagème d'allure typiquement condillacienne : adopter la position du demi-sommeil (l'hypnagogique) ou se glisser dans des demi-rêves, mais de façon à tenter de surprendre « un début », le fameux degré zéro tant souhaité ; on y saisirait alors une sensation en train de se constituer, l'impression pure, avant tous les ajouts possibles « tel le son de cette pendule qui sonne cinq heures dans la nuit, bien qu'il n'en fût qu'une »[2].

La conscience assoupie s'est si peu ressaisie qu'elle compte cinq sons alors qu'unifiée elle n'en entend plus qu'un seul. N'a-t-on pas alors rejoint le moment le plus basal et qui précède toutes les synthèses ?

Pour Condillac, tous les débuts ne sont pas des commencements ! Il n'attend rien de cette pseudo-révélation qui suscite sa verve. « Je ne vois pas pourquoi ce demi-sommeil l'aurait mis dans le cas d'un homme qui entendrait pour la première fois »[3]. La découverte de l'originaire psychique ne relève pas de la fantaisie, ni de l'à-peu-près, ni même de ces états crépusculaires. Condillac exige plus de rigueur : il préfère sa propre statue ou l'authentique aveugle-né qu'on délivre de la cataracte et qui peut analyser dans la clarté ce qu'il ressent. Essayer d'apercevoir ce qui se passe dans les brumes d'une demi nuit, c'est ouvrir la porte à toutes les divagations !

Enfin, Condillac reproche plus généralement à Buffon – mais c'est toujours la même critique, diversement modulée –

1. *Traité des Animaux*, p. 456, [1798, p. 494 ; p. 135].
2. *Id.*, p. 456, [1798, p. 495 ; p. 135].
3. *Id.*, p. 457, [1798, p. 496 ; p. 136].

sa psychogenèse sensorielle, telle qu'il l'a décrite. Et il la rappelle afin d'en souligner les inconséquences. Buffon se propose, en effet, de rendre compte des « premiers mouvements, des premières sensations et des premiers jugements ».

Or à peine le sujet a-t-il ouvert les yeux, qu'il est inondé de joie, mais, pour Condillac, « la joie est le sentiment que nous goûtons, lorsque nous nous trouvons mieux que nous n'avons été, ou du moins aussi bien. (…) Elle ne peut donc se trouver que dans celui qui a vécu plusieurs moments »[1]. Condillac insiste sur le factice de ces notations. Celui qui ouvre les yeux aperçoit aussi le ciel, la verdure des prés, comment et pourquoi ceci plutôt que cela ? Puis, il entend le chant des oiseaux et sent la fraîcheur d'un air qui lui apporte des parfums, enfin, il se déplace et cette mobilité lui vaudra tout un lot d'informations supplémentaires.

Il est patent que les registres sensoriels ont été ouverts les uns à la suite des autres (la juxtaposition, autant que la séparation). Il est sûr qu'on a fabriqué par là une scénographie artificielle, un Adam en carton-pâte.

On ne pourra même pas tout recomposer avec un cadre et des moyens aussi spécieux : ainsi on bute sur ce qu'on pourrait presque nommer « le schéma corporel » ou l'image de soi par soi et pour soi. « Il n'a point encore touché son corps, écrit Condillac, s'il le connaît, ce n'est que par la vue. Mais où le voit-il ? Sur sa rétine, comme tous les autres objets. Son corps pour lui n'existe que là. Comment donc cet homme peut-il juger qu'il se lève et qu'il est transporté ? »[2]. Quel meilleur moyen que de mettre en difficulté et le visuel et un visuel qui croit pouvoir fonctionner par lui-même ! Le fantôme de Buffon découvre, peu à peu, à la fin, le rôle de la main qui se touche, qui s'auto-produit quelques impressions, en même temps qu'elle explore « toutes les parties de son être. (…) Il ne

1. *Traité des Animaux*, p. 457, [1798, p. 497-498 ; p. 137].
2. *Traité des Animaux*, p. 460, [1798, p. 502 ; p. 139].

les connaissait pas, lorsqu'il ne les sentait pas. Elles n'existaient que dans ses yeux » [1].

« Il a, de son aveu, les idées les plus étranges », remarquait Buffon, et Condillac ajoute : « On peut bien lui accorder que ces idées sont étranges » [2].

Tout va bien à l'encontre du *Traité des sensations*.

On a donc été mal avisé d'imaginer que l'un (le dit *Traité*) avait été écrit à partir de l'autre (l'*Histoire naturelle*) : on partage donc l'indignation et même la colère de Condillac.

On ne manquera pas de retenir qu'à travers sa critique, Condillac cherche à sauver la sensorialité de l'émiettement et de l'extériorité – ce qui renforce son propre point de départ (un « Je sens » véritable), de même qu'il entend arracher l'animalité à la mécanique. Le projet ne manque ni d'intérêt philosophique, ni d'allant, ni de cohérence.

NOTE

La question de « l'âme des bêtes » a été directement abordée par tous les philosophes tant du XVIIe que du XVIIIe, aussi bien par Leibniz que par Wolff.

Nous devons à cet égard de précieuses indications à Jean École, *La métaphysique de Christian Wolff* [3] : il a étudié l'état de la discussion dans la philosophie allemande.

Du moment qu'ils possèdent des organes sensoriels, les animaux, selon Wolff, peuvent être impressionnés par le monde et s'en forger des idées. Bien qu'immatérielle, leur « âme » ne saurait toutefois être tenue pour « un esprit » (on ne décèlera en eux tout au plus qu'un *analogon rationis*) aussi, pour Wolff, elle n'accédera pas à l'immortalité.

1. *Id.*, p. 461, [1798, p. 504 ; p. 140].
2. *Id.*, p. 461, [1798, p. 505 ; p. 141].
3. *La métaphysique de Christian Wolff*, Hildesheim, Olms, 1990

L'âme des bêtes, finalement, ne se confond avec celle des hommes que par les facultés ou les possibilités inférieures, liées au sensible.

Condillac ne diverge qu'assez peu par rapport à cette philosophie, toutefois, il va plus loin et apporte davantage de précision dans l'élaboration de la solution.

Quant à Leibniz, qui inspire Wolff pour l'essentiel, il a lui-même écrit sur l'animal des pages singulièrement originales.

D'abord, pour lui, les bêtes constituent une sorte « de miroir confus » de l'Univers : « Il y a une liaison dans les perceptions des Animaux, qui a quelque ressemblance avec la Raison, mais elle n'est fondée que dans la mémoire des faits ou effets et nullement dans la connaissance des causes. C'est ainsi qu'un chien fuit le bâton dont il a été frappé, parce que la mémoire lui représente la douleur que ce bâton lui a causée. Et les hommes, en tant qu'ils sont empiriques, c'est-à-dire dans les trois quarts de leurs actions, n'agissent que comme des bêtes. (…) Les animaux, où ces conséquences ne se remarquent point, sont appelés bêtes, mais ceux qui connaissent ces vérités nécessaires sont proprement ceux qu'on appelle animaux raisonnables et leurs âmes sont appelées esprits. Ces âmes sont capables de faire des actes réflexifs »[1].

Il est clair que Condillac placera la séparation plus haut : l'animal, avec Condillac, entre dans des raisonnements élémentaires et ne serait pas entièrement dominé par de simples associations.

Dans la *Monadologie*, Leibniz revient sur cet écart : « La mémoire fournit une espèce de consécution aux Ames qui imite la raison, mais qui doit en être distinguée »[2]. Ainsi Leibniz ne réserve aux animaux qu'une « imitation de la raison » (l'*analogon rationis*) : nous répétons que Condillac

1. *Principes de la nature et de la grâce fondés en raison*, éd. Gerhardt, t. VI, § 5, p. 600-601.
2. *Id.*, t. VI, § 26, p. 611.

s'écarte de cette voie et conçoit autrement la séparation, puisque « l'animal pense ».

Mais l'originalité de la pensée de Leibniz se révèle dans la nébuleuse des questions liées à la précédente, entre autres : a) En quoi l'animal peut-il ressembler à une machine ? b) L'âme des bêtes disparaît-elle avec la cessation de leur corps ?

Sur le premier point, Leibniz s'écarte, en effet, du chemin traditionnel : au lieu d'affirmer que l'animal échappe à la machinerie, il le conçoit comme une super-machine : « Chaque corps organique d'un vivant est une espèce de Machine Divine, ou d'un Automate Naturel, qui surpasse infiniment tous les Automates artificiels. Parce qu'une Machine, faite par l'art de l'homme, n'est pas Machine dans chacune de ses parties, par exemple, la dent d'une roue de laiton a des parties ou fragments, qui ne nous sont plus quelque chose d'artificiel et n'ont plus rien qui marque de la machine par rapport à l'usage où la roue était destinée. Mais les Machines de la Nature, c'est-à-dire les corps vivants, sont encore des machines dans leurs moindres parties jusqu'à l'infini. C'est ce qui fait la différence entre la Nature et l'Art, c'est-à-dire entre l'art Divin et le Nôtre » [1].

Leibniz échappe entièrement au reproche que nous avons adressé aux Cartésiens d'avoir « réifié » le cartésianisme et d'avoir tenté la construction d'engins ou même d'androïdes, susceptibles d'imiter tant les animaux que les hommes eux-mêmes.

Et tout aussi neuve l'idée de Leibniz au sujet de l'éventuelle indestructibilité de l'âme des bêtes, ce qui a tant embarrassé les théoriciens : ils étaient obligés, d'un côté, d'accorder une âme aux animaux, mais, d'un autre côté, leur refusaient l'immortalité (leur âme est mortelle).

---

1. *Monadologie*, éd. Gerhardt, t. VI, 1885, § 64, p. 618.

Pour Leibniz, selon la *Monadologie :* « Il n'y a jamais ni génération entière, ni mort parfaite prise à la rigueur, consistant dans la séparation de l'âme. Et ce que nous appelons générations sont des développements et des accroissements, comme ce que nous appelons morts sont des enveloppements et des diminutions »[1].

Leibniz notera que cette apparente transformation ne doit pas être confondue avec la métempsycose ou la transmigration des âmes, parce que, pour lui, jamais l'âme ne quitte tout à fait le corps, auquel elle est liée.

La *Monadologie* le précise au sujet des bêtes qui ne meurent pas : « J'ai donc jugé que si l'animal ne commence jamais naturellement, il ne finit pas naturellement non plus ; et que non seulement il n'y aura point de génération, mais encore point de destruction entière ni mort prise à la rigueur »[2]. Le vivant passe seulement d'un théâtre à un autre, où sans doute nous ne le voyons plus.

Le paragraphe suivant de la *Monadologie* tient à le préciser à nouveau et donc y insiste : « On peut dire que non seulement l'âme, miroir d'un univers indestructible, est indestructible, mais encore l'animal même, quoique sa machine périsse souvent en partie et quitte ou prenne des dépouilles organiques »[3].

Incontestablement, tant sur le problème de l'animal-machine que sur celui de son état après la mort, Leibniz a choisi des positions si radicales, que nul ne les a reprises ; aussi nous fallait-il non seulement les mentionner, mais encore les mettre en exergue.

---

1. *Id.*, p. 619.
2. *Id.*, p. 620 (§ 76).
3. *Id.*, p. 620 (§ 77).

CHAPITRE IV

LA RÉPONSE DE CONDILLAC

L'animal, d'un bout à l'autre, ne sert que de prétexte : à travers lui, on ne traite que de l'homme même et de Dieu.

On peut craindre que d'avoir tant exhaussé la bête (son langage, son inventivité, sa sociabilité) n'entraîne un abaissement de l'homme, auquel on finit par l'assimiler.

Mais ceux qui dévalorisent l'animal, avons-nous vu, ont échoué : ils perdent plus sûrement encore et l'homme et Dieu, car ils sont obligés de glorifier la mécanique et de lui prêter des mérites tels qu'elle expliquera à la limite jusqu'au psychisme, auquel on ne peut retirer quelques aspects assez élémentaires. L'erreur a d'autant plus tenté que la science des mouvements et de leurs assemblages (les machines) progressait et réussissait déjà des prodiges. On anticipe Vaucanson.

Toutefois pour éviter ce dernier risque, ne court-on pas dans un autre, qui revient d'ailleurs au même ? Ne tombe-t-on pas de Charybde en Scylla ?

Condillac, dans le *Traité des animaux* principalement, a su se mettre à l'abri et mieux que personne. Alors, comment conçoit-il l'homme et surtout pourquoi l'animal, avec des ressources semblables, parfois même supérieures et une nature qui n'en diffère pas (la sensorialité), ne l'égalera-t-il jamais ?

Ou alors va-t-on rétablir la dualité ? Où situer une coupure qui ne peut pas être matérialisée ? Comment sortir de ce piège ?

La philosophie de Condillac ne se confond assurément pas avec le sensualisme : l'âme et le corps sont indissolublement liés. La première se trouve sous la dépendance du second, à notre naissance et du fait du « péché originel », comme le rappelle Condillac à plusieurs reprises[1]. Les connaissances, en conséquence, ne lui arriveront qu'à travers le complexe sensoriel. Ces deux substances (thème de l'Ecole cartésienne) ne risquent pas de se fondre, la simplicité immatérielle d'un côté et, de l'autre, la multiplicité matérielle. Celle-ci, en tant qu'assemblage, ne peut pas être le sujet de la pensée, encore moins son point de départ ou son origine. L'*Essai* condamne immédiatement le matérialisme insoutenable. Et, dans la plupart des textes de Condillac, on entend le même reproche : « Le sujet de la pensée doit être un, or, un amas de matière n'est pas un, c'est une multitude »[2].

L'union nous est imposée. Nous ne saurions nous y soustraire : on ne s'évade pas ! On ne peut que partir d'elle – un esprit inséparable de son corps. L'essence même de cette alliance nous échappe, car nous ne pouvons pas prétendre connaître « l'en soi » : en raison de cette situation (l'immersion intracorporelle) nous n'atteignons que des données ou des liaisons entre elles, nullement le fond de ce qu'on parvient à joindre.

La philosophie générative de Condillac exposera seulement les opérations qui dérivent de « ce fait primitif », de même que le cartésianisme sortait du *Cogito* tout ce qu'il impliquait, ne supposant que lui seul. Nous l'avons plusieurs fois

---

1. « L'âme étant distincte et différente du corps (…) peut, sans le secours des sens, acquérir des connaissances. (…) Mais les choses ont changé par sa désobéissance. Dieu lui a ôté tout cet empire : elle est devenue aussi dépendante des sens » (*L'Art de penser*, t. VI, p 8-9). Un échantillon parmi d'autres !

2. *Essai, O.C.*, t. I, p. 23.

indiqué, Condillac se propose seulement de recommencer le cartésianisme, mais sur d'autres bases et avec plus de rigueur.

S'il débute avec ou dans le « Je sens », il ne peut toutefois pas tirer de cette expérience de la réceptivité ce qui permet son déploiement. On a d'ailleurs reproché à Condillac son erreur ou plutôt le cercle dans lequel il semble s'enfermer : il a négligé ou méconnu ce qui nous sépare vite de cette première affection (l'impression), alors qu'un vouloir (une conscience qui précède) doit susciter le mouvoir et l'inquiéter. Pas de génération spontanée même en ce domaine ! Maine de Biran, plus tard, étendra et intensifiera la critique : comment ce qui ne contient pas l'activité pourrait-il l'engendrer ? Ne faut-il pas supposer ce que la sensorialité prétend nous donner par elle seule ?

Mais si Condillac avait admis cette antériorité qu'on réclame, il revenait à ce qu'il a toujours écarté, l'innéisme, sous ses formes les plus variées (Descartes, Locke, etc.) ; de plus, cette interprétation suppose une lecture trop sommaire tant de l'*Essai* que du *Traité des sensations*, qui, tous deux, montrent comment l'âme, enfermée dans son corps et inséparable de lui, parvient à acquérir une certaine autonomie, sans qu'il soit nécessaire de postuler ou de glisser plus ou moins furtivement ce qui précisément en découlera.

Le *Traité des animaux*, toutefois, sans rien changer à ce système, nous semble l'éclairer sur cette question fondamentale, à savoir la nature de cette odyssée consciencielle.

Il va assez de soi, et *a priori* même, que l'animal, lui seul, favorise la solution : il permet, en effet, l'analyse – la vraie décomposition (celle de l'homme sans l'homme ou avant lui) ou la lecture négative de ce que nous ajoutons – si nous ajoutons, de même qu'il peut aider à mettre en évidence le comment et le pourquoi de cette domination spécifique. Thème condillacien commun aux auteurs du XVIIIe siècle, nous ne pouvons pas apercevoir l'âme directement. Nous avons perdu l'accès à la substance, ou du moins ceux qui s'en prévalaient se leurraient. Nous pouvons indirectement, à travers ses manifestations contrôlables et dans les différences (celles qu'offre l'animal), inférer l'exercice de l'âme, aussi bien la pensée que le vouloir.

Afin de circonscrire l'originalité de la réponse difficile – difficile parce qu'on circule entre deux précipices où sont tombés tant les intellectualistes que les matérialistes qu'on confondra d'ailleurs, les premiers conduisant inévitablement aux seconds – il nous faut rappeler les solutions préconisées par Condillac, qui ne parvient que par retouches à sa propre conclusion : non pas qu'il en change, mais il la formule avec plus de netteté et met un terme à un série d'amendements.

S'il est permis de simplifier, nous croyons percevoir trois types d'hypothèses que le *Traité des animaux* réussit à reprendre et à unifier.

I) La première a été élaborée dans l'*Essai* de 1746 : on doit même en reconnaître la nouveauté.

L'écart entre l'animal et l'homme y est donc mentionné, mais, d'un côté, la bête a relativement moins reçu que par la suite ; d'un autre côté, l'homme creusera la séparation par rapport à elle, grâce à la création d'un néo-langage que lui seul a pu manier.

Notons sans attendre que le *Traité des animaux* n'élimine pas cet apport-explication, puisqu'on y lit, par exemple : « La théorie suppose une méthode, c'est-à-dire des signes commodes pour déterminer les idées, pour les disposer avec ordre et pour en recueillir les résultats. (…) L'instinct des bêtes ne juge que de ce qui est bon pour elles, il n'est que pratique » [1]. Le langage permet toujours d'assurer la franche dénivellation. Mais cette proposition sera bientôt intégrée à un ensemble plus vaste, plus solide, le système en cours exigeant le progrès dans la cohérence.

Dans l'*Essai*, les animaux et les hommes participent en commun à une première élaboration (pratique) ce qui sous-entend la venue d'une seconde (théorique) qui ne

---

1. *Traité des animaux*, p. 491, [1798, p. 558 ; p. 166].

concerne plus les premiers – le recours à des signes moins arbitraires qu'artificiels, ceux que Condillac, à la suite de l'Abbé Batteux, nomme d'institution[1].

La thèse mériterait de longs commentaires, ne serait-ce qu'en raison de sa richesse et de sa nouveauté.

Nous avons déjà noté que ce néo-langage ne peut pas surgir de lui-même, parce que ce serait alors rompre avec la méthode (la seule génération) ainsi que contredire la doctrine : l'homme use seulement des «moyens communicationnels» spontanés (des expressions, des gestes, des cris, le corporel) mais les convertit et s'en sert comme «supports» ou «substituts», afin de rappeler ce qui s'est passé, de le fixer et par là de s'en rendre maître.

Comme il en dispose, au lieu de subir les données, il les évoque et donc les domine. On conçoit la raison pour laquelle ces «signes» ont été élaborés par nous : s'ils étaient entièrement naturels, ils ne dépendraient pas de nous, mais, si nous en décidons, au moins partiellement (on s'appuie, en effet, sur des «expressions naturelles» mais qu'on affecte seulement d'une autre signification et pour un autre usage) nous nous donnons, grâce à eux, un pouvoir souverain. Moment capital : nous n'avions pas encore quitté la «passivité», mais, dorénavant, on la tourne et elle autorise l'auto-production.

Locke avait réservé aux mots deux fonctions, celle de communiquer et celle d'aider la mémoire. Dans son *Essai*, il n'avait abordé l'examen du langage qu'après celui de l'origine et de la formation des idées. Condillac va plus loin : il confère au langage un rôle décisif, celui qui permet à la pensée de

---

1. L'expression se trouve dans l'Abbé Batteux, *Les Beaux-Arts réduits à un même principe*, 1746, p. 275. On la lit chez d'autres, ainsi dans D. Boullier, *Essai philosophique sur l'âme des bêtes*, 2ᵉ éd., 1737, t. II, p. 243 : «De la différence essentielle entre les signes naturels et les signes d'institution». Sans doute faut-il remonter aux Cartésiens pour en saisir l'origine : Condillac ne l'a donc pas «forgée» mais elle est répandue et mise en application dans de nombreux Traités.

s'exercer. Jusqu'alors, il exprimait ou habillait ou transportait l'idée : désormais il la constitue ou du moins la rend possible. Comment ?

a) D'abord, grâce aux seuls termes, nous pouvons vaincre l'absence. Le signe articulé et convenu assure le passage de l'action à la représentation. Et nous parvenons ainsi à la maîtrise de ce qui advient en nous, sans avoir à supposer une quelconque puissance psychique obscure. L'*Essai* l'affirme nettement : « Par le secours des signes qu'il peut rappeler à son gré, il réveille ou du moins il peut réveiller souvent les idées qui y sont liées. (…) Voilà où l'on commence à apercevoir la supériorité de notre âme sur celle des bêtes »[1].

Condillac s'inspire ouvertement tant de l'Abbé Dubos que de l'Abbé Batteux, pour expliquer dans le détail cette transformation-mutation, moins individuelle que collective, historique et nationale même : au début, l'emportaient, chez les Grecs notamment, la danse, le chant, la pantomine, la déclamation, bref, tout ce qui garde des liens avec le premier langage d'action. Par la suite, – récit d'un progrès, mais aussi d'un éloignement et par certains côtés d'une perte – le geste s'isole et s'affaiblit. Le théâtre change aussi de statut, de même que s'étiole l'éloquence.

Nous ne saurions analyser cette fresque – les âges ou étapes de la sémiologie – mais nous tenons cependant à signaler ce texte de Condillac (parce que Rousseau le réécrira tel quel dans son *Essai sur l'origine des langues*) : « Je trouve encore, dans la prosodie des anciens, la raison d'un fait que personne, je pense, n'a expliqué. Il s'agit de savoir comment les orateurs Romains qui haranguaient dans la place publique pouvaient être entendus de tout le peuple. (…) Un Romain pouvait donc se faite entendre distinctement dans une place où

---

1. *Essai*, *O.C.*, t. I, p. 86.

un Français ne le pourrait que difficilement et peut-être pas du tout »[1].

b) Le mot ne se borne pas à se substituer à la réalité et à en tenir lieu, il allège, en même temps qu'il concentre, tel le mot « or », qui, à lui seul, résume tout ce que le corps enferme, c'est-à-dire de nombreuses propriétés. Condillac devait s'attarder à l'examen de cette importante opération qui nous donne aussi bien des « idées générales », auxquelles les animaux ne sauraient prétendre, que des « abstraites », parce qu'il nous est loisible de considérer séparément les qualités, hors de leurs supports habituels, par exemple, la blancheur en soi (sans référence au lait ou à la neige), bref, nous savons nous livrer à des unions (le mot, comme « arbre » représentant alors une collection), ainsi qu'à des divisions (un seul aspect à l'exclusion des autres). Nous manipulons et pouvons établir aussi des rapports plus complexes.

Faute de cet instrument, nous stagnons dans une relative mais incurable stupidité, telle celle du jeune homme de Chartres tant de fois mis en avant : il s'agit d'un sourd-muet de naissance – l'équivalent de l'aveugle-né qu'on opéra – mais qui guérit sans qu'on sache bien comment (il lui était sorti une espèce d'eau de l'oreille gauche et il se mit à entendre) qui put recevoir des sons, puis s'entraîna petit à petit à en émettre. Après trois ou quatre mois d'exercice, il put rompre le silence. Or, interrogé par les plus habiles théologiens, il reconnut qu'avant de parler (les commencements du langage) il n'avait formé aucune idée. « Il menait une vie purement animale »[2]. Il ignorait tout de Dieu – bien qu'il fût né de parents catholiques et qu'il assistât à la messe – et même de l'âme. Il ne comparait rien et ne pensait pas. « Son attention uniquement attirée par

1. *Id.*, p. 300-301.
2. *Essai*, t. I, p. 189.

des sensations vives cessait avec ces sensations »[1]. N'est-ce pas là une preuve irréfutable ?

c) La parole ne se réduit pas à des mots : Condillac mettra en évidence que l'énoncé impose surtout de l'ordre à nos pensées et substitue au simultané (le pêle-mêle) une successivité clairement réglée.

La grammaticalité assure à la fois la décomposition et une recomposition : autant dire qu'elle fonctionne comme une méthode ! Nous ne parlons et donc ne pensons que dans la mesure où nous lions, de là, grâce à elle, tout un corps de connaissances au moins implicites, des rapprochements, une inévitable classification qui permet aussi des vues globales récapitulatives de l'ensemble. Condillac recourt tantôt au modèle arithmétique (la composition à partir de l'unité), tantôt au taxinomique (des enchaînements et des inclusions : il convient même, comme il le demande, de ne pas exagérer le nombre des genres ni de le réduire trop). Dans les deux cas, la langue forme un système unitaire.

Il en résulte une double conséquence :

a) ce qui est commun à l'homme et à l'animal ne peut comprendre que les facultés les plus élémentaires : la perception, l'attention, une certaine mémoire et la plus pauvre, l'imagination, alors que les opérations les plus hautes (comparer, juger, raisonner) supposent l'intervention des signes.

Dans l'*Essai*, Condillac reproche même à Locke d'avoir alors accordé le raisonnement aux animaux : « Si ce philosophe avait vu qu'on ne peut réfléchir qu'autant qu'on a l'usage des signes d'institution, il aurait reconnu que les bêtes sont incapables de raisonnement »[2]. Pour prendre la mesure des changements doctrinaux, il suffit d'opposer à cette remarque

1. *Id.*, p. 191.
2. *Essai*, t. I, p. 203.

ce qu'on lit dans le *Traité des animaux*, à savoir que les bêtes s'instruisent, étudient, connaissent et réfléchissent[1] !

   b) Dans l'*Essai*, la différence entre l'homme et l'animal vient de ce que ce dernier ne peut pas revenir sur lui, disposer de lui-même : on va jusqu'à lui enlever ce qu'on semblait lui avoir attribué : « De là, on peut conclure que les bêtes n'ont point de mémoire et qu'elles n'ont qu'une imagination dont elles ne sont point maîtresses de disposer »[2].

   Cette conception soulève des objections : à abaisser ainsi l'animal, on dévalue parallèlement et obligatoirement la sensorialité, pourtant à l'origine du reste. On risque de restaurer le rêve métaphysique d'une pensée qui se détache du sensible et de rétablir un dualisme qu'on tenait cependant à écarter !

   Diderot, comme on le sait, en plus, discernera des ferments de subjectivisme (l'idéalisme berkeleyen) dans cette psychogenèse qui ne souhaitait pas se couper du réel.

   La loi du système en voie d'élaboration veut que lorsqu'on majore l'un de ses pôles (la pensée de l'homme capable de réflexion), on diminue trop l'autre. Comment éviter ce déséquilibre ?

   II) C'est bien pourquoi le *Traité des sensations* réaménage la solution et se hâte de rétablir les droits de la sensorialité que l'*Essai* a amenuisés.

   Grâce au toucher, non seulement nous avons accès au monde extérieur dont l'existence ne laisse plus aucun doute, mais le sens du tact informe aussi les autres sens et en élargit le cercle : de ces derniers, pourront découler directement les opérations les plus simples de l'entendement ou de la volonté, mais aussi l'ensemble de nos connaissances (la combinaison des données sensibles enrichies les unes par les autres). Sans nier l'importance des signes qui élèvent d'un degré l'ensemble du savoir, le toucher remplace le langage qui, dans l'*Essai*,

---

1. *Traité des animaux*, p. 474, [1798, p. 527 ;p. 152].
2. *Essai*, t. I., p. 79.

nous permettait de sortir de la passivité : il apporte lui-même l'activité grâce à laquelle nous nous sauvons de la pure et seule réceptivité.

Il s'ensuit aussitôt que l'animal (préalablement disqualifié, puisque privé à tout jamais de la pensée conceptuelle et de la réflexion intelligente, faute de pouvoir bénéficier de ces signes libérateurs) échappe à la diminution qui le frappait.

Effectivement, on lui accorde beaucoup plus que dans l'*Essai*, encore que le *Traité des sensations* n'envisage qu'assez peu le cas de l'animal[1] et s'en tienne principalement à la statue (le degré le plus bas de la sensorialité qu'on décomposera par elle) : cependant il ne refusera pas même à cette dernière « les idées générales » et pas davantage à l'enfant abandonné au milieu des ours, trouvé dans les forêts de Lituanie en 1694. « La statue donne lieu aux opérations de l'entendement et de la volonté. Le jugement, la réflexion, les désirs, les passions, etc. ne sont que la sensation même qui se transforme différemment »[2].

Condillac s'appuie encore sur l'argument suivant : « Si un enfant qui ne parle pas encore n'en avait pas d'assez générales pour être communes au moins à deux ou trois individus, on ne pourrait jamais lui apprendre à parler, car on ne peut commencer à parler une langue que parce qu'avant de la parler, on a quelque chose à dire, que parce qu'on a des idées générales »[3].

On vient donc de rétablir l'équilibre que l'*Essai* n'avait pas assez respecté mais, du même coup, ne penche-t-on pas un peu trop du côté de la bête située au même rang que l'homme ?

Condillac pense échapper à ce risque : la différence entre eux – l'homme et l'animal – vient alors et par obligation de leur propre équipement sensoriel, non seulement moins fourni

---

1. Dans le *Traité des sensations*, l'animal est cependant présent et évoqué aux pages 50, 120, 230, etc.
2. *Traité des sensations*, t. III, p. 50.
3. *Id.*, p. 388.

chez l'un, mais aussi qualitativement inférieur. Ainsi l'organe du tact, recteur et éducateur des autres, ne souffre-t-il pas chez l'animal d'uniformité et d'indifférenciation ? L'homme ne pourrait-il pas être défini pas sa main, dont Condillac entonne l'éloge ?

Ajoutons que le *Traité des animaux* reprendra mot pour mot cette solution, ou, du moins, ne la désavouera pas : l'homme l'emporte par le nombre de ses sens et par leur structure la mieux agencée qu'il est possible.

Chez les animaux le toucher n'a pas atteint son vrai développement : ici, effectivement, Condillac reprend Buffon ou du moins concorde avec lui : « C'est donc parce que la main est divisée en plusieurs parties toutes mobiles, toutes flexibles, toutes agissantes en même temps et obéissantes à la volonté, qu'elle est le seul organe qui nous donne des idées distinctes de la forme des corps »[1]. Il en résulte assez que « les animaux, comme les poissons dont le corps est couvert d'écailles et qui ne peuvent se plier doivent être les plus stupides des tous les animaux. (…) D'ailleurs l'impression du sentiment doit être très faible et le sentiment fort obtus puisqu'ils ne peuvent sentir qu'à travers les écailles. Ainsi tous les animaux dont le corps n'a point d'extrémités qu'on puisse regarder comme des parties divisées, telles que les bras, les jambes, les pattes, etc. auront beaucoup moins de sentiment par le toucher que les autres. Les serpents sont moins stupides que les poissons parce que, quoiqu'ils n'aient point d'extrémités, (…) ils ont la faculté de plier leur corps en plusieurs sens sur les corps étrangers »[2]. Condillac, sans entrer dans ces détails organologiques et comparatifs, s'associe à l'esprit de cette analyse, même s'il n'en partage sans doute pas tous les termes. Il prend en revanche toutes ses distances par rapport à une hypothèse supplémentaire de Buffon, selon laquelle, si notre main dépas-

---

1. Buffon, *O.C.*, 1818, t. V, *De l'homme*, « Des sens en général », p. 191.
2. *Id.*, p. 192-193.

sait les cinq doigts et comprenait davantage d'articulations, elle nous secourrait plus et nous apporterait ce qui doit nous manquer.

Ne demandons pas plus de divisions ni plus de flexibilité, pour Condillac ! « Et quelle idée se formerait-elle (la statue) si le nombre des parties en était infini ? Elle appliquerait la main sur une infinité de petites surfaces. Mais qu'en résulterait-il ? Une sensation si composée qu'elle n'y pourrait rien démê-ler » [1]. Gardons bien les deux exigences : les manipulations et les séparations mais aussi une certaine unité et la non-disper-sion ; ne cherchons pas l'excès dans le détail ou trop de variété dans la préhension.

Cette solution qui n'annule pas la précédente, celle de l'*Essai*, rapproche davantage l'homme et l'animal qui ne diffèrent plus que par leur propre organisation corporelle, qui retentit ensuite sur leur psychisme respectif : celui-ci n'exprime-t-il pas celle-là ? L'âme n'est-elle pas, à sa manière, l'idée du corps ?

Preuve *a contrario*, lorsque nous manque l'usage de l'un de nos sens – tel l'aveugle-né – nous parvenons à compenser cette perte assurément, mais cependant l'infirme ne pourra jamais se forger une idée de la couleur (l'écarlate lui restera inconnu, comme on sait).

III) Le *Traité des animaux* n'abandonnera pas cette répon-se mais la nuancera, de telle façon qu'il pourra aussi mieux la fondre avec celle de l'*Essai*, de là, finalement une suprême et nouvelle cohérence de l'ensemble.

Condillac, il est vrai, doit résoudre une question fort em-barrassante : rapprocher le plus possible l'homme de l'animal – la thèse l'exige – mais non moins les opposer solidement et définitivement, sa philosophie le demande tout autant.

Or, ce qui dorénavant, dans le *Traité des animaux*, sépare l'homme de l'animal, paradoxalement, vient surtout de ce que

1. *Traité des sensations*, t. III, p. 255-256.

l'animal naît avec des moyens organiques moins nombreux, moins différenciés, et surtout adaptés à leurs fonctions de conservation – une sorte de perfection – tandis que l'homme entre dans le monde de façon bien peu assurée. Pourquoi ? Parce qu'il est assailli d'informations éventuellement discordantes, du fait de l'ampleur et de la richesse des « récepteurs sensibles » et aussi parce que ceux-ci fonctionnent au départ assez maladroitement, d'où, pour eux, l'hésitation, voire l'erreur.

Corrélativement, l'homme frappe par une vie quasi fœtale prolongée, du fait de sa vulnérabilité ; il ne peut se développer sans l'aide des ses ascendants ou de ses proches, alors que la bête, selon Condillac, peut croître sans la troupe.

C'est la réussite de la vie animale qui rend compte de son échec ou de sa limitation ou même de sa non perfectibilité. Le *Traité des animaux* y insiste : a) moins ou peu de registres sensoriels, aussi sont-ils faiblement constitués, b) par voie de conséquence, nous le verrons ultérieurement, moins de besoins et des besoins élémentaires faciles à satisfaire, c) un temps extrêmement bref d'apprentissage. « Elles (les bêtes), note le *Traité des animaux*, arrivent presque tout à coup au point de perfection auquel elles peuvent atteindre, elles s'arrêtent aussitôt, elles n'imaginent pas même qu'elles puissent aller au-delà »[1]. Condillac nuancera encore par la suite : celles d'entre elles qui sont les mieux équipées – sensoriellement parlant – apprendront un peu mieux, par voie de conséquence ; plus, à l'intérieur d'une seule et même espèce, Condillac accepte des différences dans les performances[2].

En principe, les animaux dépassent donc largement l'homme et le *Traité des animaux* se plaît à le rappeler inlassablement : ils font mieux que nous et plus sûrement ce qu'ils

---

1. *Traité des animaux*, p. 476, [1798, p. 531 ; p. 154].
2. *Traité des animaux*, p. 488, [1798, p. 552 ; p. 163].

font ; ils se trompent moins ou si peu, mais « nous jugerions aussi sûrement, si nous jugions aussi peu qu'elles (les bêtes). Nous ne tombons dans plus d'erreur que parce que nous acquérons plus de connaissances » [1].

L'explication du *Traité des animaux* ne manque donc pas de piquant : la richesse de la conduite va de pair avec son indétermination, ses égarements possibles, voire sa détresse. Mais le vide – le non programmable – se transforme en suprême avantage, parce qu'à l'origine d'un psychisme éveillé et susceptible d'être élaboré. L'animal satisfait et borné tombera nécessairement dans l'habituel, l'apparence de la mécanisation, le quasi somnambulisme, tandis que l'homme pourra, selon les définitions du *Traité des animaux*, passer du plan du besoin à celui du désir. Il s'ouvre à un avenir.

Or, cette solution nous paraît justement pouvoir englober les deux explications préalablement développées et même en rendre compte, celle de l'*Essai* et celle du *Traité des sensations*, qui avaient insisté tant sur le rôle du langage que sur celui du toucher : plus encore, on la trouve en filigrane sous elles. Aussi le *Traité des animaux* nous semble nouveau dans son analyse (celle du manque), en même temps qu'il se contenterait de tirer au clair ce qui avait déjà été avancé ou suggéré. On a donc comme l'impression que le Système bouge, bien qu'il ne varie pas !

Pourquoi, en effet, selon l'*Essai*, l'homme arrive-t-il au langage et non pas l'animal ? A relire ce texte, réfracté dans la lecture du *Traité des animaux*, on prend mieux conscience que la commisération à la souffrance ou à la privation d'autrui – avec le désir corrélatif de lui porter secours – suscitent la mutation parolière que l'*Essai* a décrite. Bref, l'homme communique parce qu'il demande de l'aide ou en donne. En effet on reconnaît un sujet en face de soi, comme l'un de ses semblables, et, comme on est constitué de la même façon que

---

1. *Traité des animaux*, p. 491, [1798, p. 558 ; p. 166].

lui, on peut ressentir les sentiments qui l'agitent. On commence ici à saisir la relation « affection-cri », à transformer l'expression corporelle en un langage ou en ses prémisses. Situation tout à fait proche : « Celui, par exemple, qui voyait un lieu où il avait été effrayé imitait les cris et les mouvements qui étaient les signes de la frayeur, pour avertir l'autre de ne pas s'exposer au danger qu'il avait couru. L'usage de ces signes étendit peu à peu l'exercice des opérations de l'âme et, à leur tour, celles-ci ayant plus d'exercice, perfectionnèrent les signes »[1].

Le *Traité des animaux* ira plus loin sur le même chemin : comme les bêtes réussissent toujours et d'autant mieux qu'elles se contentent de peu, elles ne sauraient s'interpeller ou commercer vraiment. Condillac ne leur refuse pas la possibilité d'un langage, au contraire, mais il admet qu'elles ne sauraient s'en servir. La société condillacienne – et le langage en résulte pour l'essentiel, en ses commencements – n'existe d'ailleurs pas antérieurement aux consciences, mais celles-ci s'unissent afin de pouvoir s'entraider. D'où cette réciproque « les animaux vivent ensemble mais pensent presque toujours à part »[2]. (Le *presque* manque rarement dans les phrases de Condillac ; on en voit l'usage méthodologique : le « presque » assure à la fois la continuité possible et la rupture, ce que recherche Condillac).

Nous y insistons, parce qu'il s'agit là d'un moment clé et aussi parce que Condillac a tenu à saisir le passage de l'action à la représentation. Il se devait d'y consacrer son attention dans la mesure où il décrit lui-même une odyssée, celle de la conscience active. Or, la cause majeure de la conversion ne va pas de soi chez lui : elle dépend donc des menaces ou mieux de la vacuité, caractéristique de l'homme.

1. *Essai*, t. I, p. 263.
2. *Traité des animaux*, p. 486, [1798, p. 548 ; p. 161].

On se souvient que parmi les conditions de possibilité d'un commerce entre les vivants, il fallait surtout « un fond d'idées commun ». A peine Condillac l'avait-il reconnu qu'il ajoutait : « Ils (les individus) peuvent donc avoir un langage et tout prouve en effet qu'il en ont un. Ils se demandent, ils se donnent des secours, ils parlent de leurs besoins » [1].

Le changement de l'expressionnel à des sons articulés et mis en forme – qui s'opérera d'ailleurs peu à peu – suppose à la base même une solidarité dans l'épreuve, que les animaux (trop forts) ne connaissent pas. C'est la pitié qui d'abord fonctionne : la souffrance d'autrui nous trouble et nous amène à comprendre la relation entre une peine et des plaintes. L'*Essai* l'a manifestement reconnu (il traite, en effet, de cette première relation duelle, l'un qui souffre et l'autre, le récepteur, qui « souffre de voir souffrir ce misérable ». « Dès ce moment il se sent intéressé à le soulager. (…) On s'accoutume à attacher aux cris des passions et aux différentes actions du corps des perceptions qui y étaient exprimées d'une manière si sensible. Plus ils (les hommes) se familiarisèrent avec ces signes, plus ils furent en état de se les rappeler à leur gré » [2]. Or le *Traité des animaux* accusera cette expérience de l'origine.

Si on contestait cette remarque, nous nous rabattrions sur ces deux-ci, complémentaires :

a) Condillac s'est soucié des mots (la lexicographie), de leur apparition, voire de leur formation (l'étymologie où il excelle). Les termes abstraits dérivent pour lui des concrets. Mais, les premiers substantifs expriment tous, selon l'*Essai*, la terreur ; ils désignent des objets ou des êtres qui nous inquiètent : « Les animaux qui leur faisaient la guerre eurent des noms, avant les fruits qui les nourrissaient » [3].

1. *Id.*, p. 484, [1798, p. 545 ; p. 160].
2. *Essai*, p. 262-263.
3. *Id.*, p. 363.

b) Dans sa grammaire, lorsqu'il examine les premières constructions, Condillac illustre sa théorie d'exemples comme celui-ci « j'ai faim, je voudrais ce fruit, donnez-le moi, etc. », ce qui tend, au moins indirectement, à fortifier l'hypothèse d'un sujet d'abord marqué par la privation, l'absence (la vacuité).

Mais ne retenons ici que l'idée d'un langage qui naît moins du logos que dans le pathos. Et si donc l'animal ne parle guère, c'est en raison de sa robustesse et de ses réussites.

Pourquoi le toucher mérite-t-il aussi une place à part, même si le *Traité des animaux* l'envisage moins ou peu ?

Grâce à lui, l'homme peut expérimenter. Il se libère de la servitude ou de la passivité qui affecte les bêtes, d'où la supériorité de l'homme qui, par exemple, place et déplace l'excitant par rapport à lui. Il va ainsi du subi au provoqué. On a souvent reproché à Condillac d'avoir amplifié notre dépendance par rapport au monde extérieur et d'avoir tout subordonné à la « sensation » dont le psychisme dériverait (la statue n'est-elle pas, et par définition, dépourvue de toute spontanéité ? Ainsi l'attention surgit parce qu'une donnée l'accapare et chasse les autres, etc.). Mais on oublie alors que, dès le *Traité des sensations*, le toucher transforme toujours « le subi » et mêle une action, la nôtre, à ce que nous semblons seulement recevoir. Comment séparer l'exercice et la sensorialité ?

Pourquoi d'ailleurs cette curiosité et cette tentative modificatrice ? C'est que déjà le tact tient lieu de méthode : il permet des décompositions et des recompositions : a) La main, comme nous venons de le noter, rapproche la rose du visage : elle ne manque pas de régler par là l'intensité de l'excitant. b) « Elle (la statue) observe avec quelle vivacité il (le sentiment) augmente, elle en suit les degrés ; les compare avec les différents points de distance où la fleur est de son visage »[1].

1. *Traité des sensations*, t. III, p. 260.

c) Elle sent aussi les fleurs une à une, puis les réunit en bouquet. Toutes ces expériences nombreuses et nécessaires viennent de ce que le monde de l'homme lui est offert dans sa complexité et ses mélanges. La conduite vacille et souvent il court des dangers ; il s'égare : « De tous les êtres créés, celui qui est le moins fait pour se tromper est celui qui a la plus petite portion d'intelligence » selon le *Traité des animaux*[1].

Mais Condillac a toujours soutenu que le moindre avantage tourne aisément en un handicap : ainsi, du fait que l'homme parle, il s'ensuit qu'il risque de prendre les mots pour des réalités et de tomber dans une sorte de délire dont la philosophie classique, selon lui, donne le meilleur exemple (le *Traité des animaux* prolonge ce type de procès : « l'histoire même de la philosophie n'est bien souvent que le tissu des erreurs »[2]). – De même, parce que nous naissons dans l'insuffisance, nous recevons une éducation et écoutons les leçons de ceux qui nous ont précédés, mais ils nous transmettent principalement leurs préjugés.

Quel conseil nous donne Condillac ? A la manière de Descartes, il nous demande de rejeter les connaissances acquises, de refaire notre entendement, d'expérimenter nous-mêmes, de retrouver le contact avec le sol. Le *Traité des animaux* l'exprime nettement : « Il faut commencer par ne tenir aucun compte des connaissances qu'on a acquises. (...) Il faut, pour ainsi dire, rapprendre à toucher, à voir, à juger »[3]. Nous ne tenons pas pour négligeable le fait que le toucher ait été mis en avant : pour Condillac l'homme pourrait se définir, en effet, comme « l'animal qui a une main ».

Apparaît, selon nous, l'originalité du *Traité des animaux*, en ce sens qu'il envelopperait les deux victoires de l'homme – le langage et la manipulation active – dans une conception

---

1. *Traité des animaux*, p. 491, [1798, p. 558 ; p. 166].
2. *Traité des animaux*, p. 492, [1798, p. 559-560 ; p. 167].
3. *Id.*, p. 522, [1798, p. 614 ; p. 193].

plus large, celle d'un sujet qui naît dans l'incomplétude et qui ne se sauve aussi que du fait de cette laxité (sensorielle). La philosophie de Condillac nous semble ainsi répondre à son problème majeur : d'une part, homme et animal partent tous deux de la sensation (unité des deux), mais, d'autre part, ils n'en diffèrent pas moins (organisation variée et malléable de l'un, par rapport à l'uniformité et à la fixité de l'autre). Heureux les démunis ou les pauvres !

Au lieu de regarder Condillac comme un « sensationniste », ainsi qu'on l'a prétendu et désigné, tenons-le plutôt pour le philosophe qui a insisté sur le dénuement de nos facultés réceptrices, sur l'obligation de les éduquer et de les transformer (le langage et le tact), alors que l'animal glisse dans le « machinal » ou du moins l'habitude.

Ce qui devrait soutenir aussi ce point de vue d'un sujet à la fois fort et faible (et fort parce que faible) vient de ce que le *Traité des animaux* ne traite pas seulement de la connaissance ou du savoir, mais tout autant du vouloir, et bien plus que les précédents ouvrages de Condillac (d'où la seconde innovation de ce *Traité des animaux* : non seulement il redéfinit mieux l'homme qu'on ne peut pas assimiler à un animal, en dépit d'une sensation génératrice apparemment commune, mais il ouvre de larges considérations sur Dieu, sur la morale, la société et les passions).

Le *Traité des animaux* joue donc, à nos yeux, un rôle de tournant et nous donne aussi de la philosophie de Condillac l'élaboration la plus cohérente (unification des théories antérieures) et surtout la plus complète (l'entendement et non moins la volonté).

D'un côté, Condillac semble céder à une querelle ponctuelle : régler ses comptes avec Diderot et Buffon ; en outre, il reconnaît avoir ajouté au *Traité des animaux* une dissertation écrite et adressée antérieurement à l'Académie de Berlin, ce qui ne manque pas de renforcer l'idée d'un ouvrage composite, traversé par l'occasionnel, mais, d'un autre côté, à nos yeux, le système s'élargit seulement et poursuit son unification.

Toutefois la question devient : pourquoi brutalement Dieu, au cours d'un Traité sur les animaux ?

Notons que la seconde partie de ce *Traité des animaux* comporte dix chapitres : si les cinq premiers examinent la comparaison de l'homme avec l'animal, à partir du sixième (la connaissance de Dieu) on change apparemment d'horizon : il va être question de Dieu (VI), de la morale (VII), des passions (VIII), des vices et des mauvaise habitudes (IX), enfin le dernier (X) récapitule ce qui a été préalablement abordé et accordé (l'entendement et la volonté, voire la liberté, réservée à l'homme seul).

Cette fin du *Traité des animaux* en constitue d'ailleurs le moment essentiel, devant lequel le reste pâlit.

On y poursuit bien le parallèle entre l'homme et l'animal, mais on développera surtout la théorie de la «faiblesse de l'homme» qu'on met principalement en garde contre lui-même.

Le lecteur risque cependant d'être surpris : brusquement, on entre dans la question de l'existence de Dieu, de ses attributs, de ses agissements. Nous ne voyons toutefois aucune rupture dans le développement argumentatif du *Traité des animaux*, surtout si on nous accorde nos propres conclusions (la dépendance corporelle de l'homme).

a) Mais Condillac justifie ce qu'on ne saurait regarder comme une simple digression ou un ajout.

Il vient de conclure à la supériorité de l'homme ; il poursuit : « Je donnerai ici deux exemples de la supériorité de l'homme sur les bêtes, la connaissance de Dieu, la connaissance de la morale »[1]. Et l'homme accède seul à ces sommets des idées abstraites – tant l'idée de Dieu que les principes de la

---

1. *Traité des animaux*, p. 495, [1798, p. 564 ; p. 169].

morale – dont l'animal semble, pour l'essentiel, totalement exclu.

Nous ne sommes pas entièrement convaincu par la raison avancée non que nous récusions Condillac, mais nous pensons que des raisons plus fortes l'entraînent vers ces nouvelles analyses, qui d'ailleurs déborderont et incluront les passions, les vices, la vie en société, etc.

b) Le chapitre sur l'existence et la création de Dieu s'inscrit plus profondément dans la logique du système condillacien, de plus en plus cartésien mais d'un cartésianisme ouvertement, explicitement redressé : la faiblesse de l'homme, plongé directement dans un univers difficile à débrouiller, le conduit à son antithèse, celle d'un Etre suprême et parfait, qui jouit de la plénitude de lui-même ; et, du même coup, se renforce la thèse de notre propre limitation ou de notre insuffisance.

D'un côté, l'homme ne se confond pas avec l'animal (donné comme un moins) ; il se distingue encore plus de Dieu (l'hyper-plus) qu'il ne peut pas rejoindre. Dieu prend ainsi sa place au cœur du *Traité des animaux* dans la mesure où Condillac explore, mais sur l'autre bord, le vide existentiel de l'homme, enfermé dans son corps propre et livré à ses erreurs comme à ses tourments (dans le chapitre en question reviennent les mots : impuissance, ignorance, dépendance, limitation, crainte, humiliation, etc.).

c) Un second bénéfice s'ajoutera à celui-ci : on montrera que l'idée de Dieu, inévitable et même nécessaire – d'où l'inconséquence d'un athéisme impossible – s'acquiert ; elle n'est pas innée.

Ainsi Condillac en profite pour se démarquer de ce qui l'inspire et qu'il corrige, le cartésianisme : il recourt à l'argument dit cosmologique et surtout ne cesse de mettre en relief l'impossibilité où nous nous trouvons d'entrer à l'intérieur des êtres et de leurs agissements. Nous inférons seulement la cause à partir de ses effets, thème propre aux philosophes du XVIIIe siècle, dans la mouvance de Newton et de Locke.

d) Un autre gain est glané au passage : un coup de patte à Buffon, parce que Condillac rejoint, un instant, Réaumur et ses insectes, durement attaqués : l'Univers enferme, en effet, à l'intérieur du moindre fragment ainsi que dans le vivant le plus minuscule une incomparable organisation (qu'on jette les yeux sur le plus vil insecte : que de finesse ! que de beauté ! selon le *Traité des animaux*), telle que le monde créé ne peut pas dériver du hasard.

e) Douterait-on de ces motifs divers ? Nous nous contenterions de rappeler que les philosophes du XVIIIᵉ siècle, qui ont abordé le problème de l'animal, y ont toujours accroché celui de Dieu et celui de la morale. Condillac cède donc à cette tradition, d'autant que son texte est parsemé d'allusions, d'emprunts, voire de pillages : il confirme ainsi notre impression de philosophies fluides et interpénétrées, qui se reprennent les unes les autres.

Non seulement Condillac traitera donc de Dieu, mais il nous semble qu'on peut justifier le moment où il introduit la discussion (le chapitre VI) : elle marque le passage entre les deux versants de son analyse (qui occupe elle-même la seconde partie du *Traité des animaux*, la première étant réservée à la lecture de Descartes-Buffon) – à savoir la connaissance dont il a été question et l'action qu'on va dorénavant examiner, ou encore entre l'entendement et la volonté (ainsi que la morale, les passions, les vices, etc.). Or, si Dieu définit l'idée majeure à laquelle on accède, il permettra non moins de fonder la morale. Il assure donc la transition.

Le Dieu de Condillac ne peut pas être compris dans son essence : et le philosophe justifie aisément cette impossibilité, tout à fait en accord avec son Système. On ne peut commencer que par le monde ou à partir de lui ; mieux, on ne peut guère partir que de soi-même : « On ne connaît que par les rapports avec nous. (…) Un concours de causes m'a donné la vie, par un autre, elle me sera enlevée, je ne saurais douter de ma dépendance »[1].

Nul ne s'en étonnera : on ne scrute pas la prétendue « idée de Dieu » en nous, à la manière des innéistes, mais on s'élève à elle, à partir d'un monde dans lequel nous sommes immergés et qui réclame une cause. Les premiers hommes en ont d'ailleurs jugé ainsi ; ils ont reconnu leur subordination qui les conduisait vers l'adoration de ce qui les dépasse. Condillac saisit cette occasion pour éclairer et justifier l'idolâtrie, le fétichisme, voire le polythéisme qui suivra – selon sa propre théorie qui a toujours parallélisé l'évolution de l'esprit humain et celle des peuples : « Les connaissances naissent et se développent dans tout un peuple par les mêmes ressorts qu'elles naissent et se développent dans chaque homme en particulier », selon la forte remarque d'un texte, il est vrai ultérieur, mais dont l'*Essai* avait déjà jeté les prémisses[2].

Notre faiblesse – le pilier de l'ensemble – suffit donc à poser l'existence de Dieu, de même que le doute cartésien, *mutatis mutandis*, permettait d'entrer dans la certitude et l'absoluité. A prendre en compte notre affectivité (le sentir) nous allons invinciblement à un premier principe ; nous ne pouvons pas nous soustraire à l'idée d'un créateur qui nous a précédés.

Condillac exclut alors trois interprétations différentes et relatives à l'idée de cette existence nécessaire, mais qui toutes les trois visent à en limiter la portée :

a) On la borne, lorsqu'on la tient pour responsable des seules modifications d'un être qui existerait par lui-même et antérieurement. Condillac solidarise l'être et ses affections, au point que, si on change celles-ci on a dû décider de ce qui les supporte ou les subit. Condillac répugne à user d'une

---

1. *Traité des animaux*, p. 497, [1798, p. 567-568 ; p. 170-171].
2. *Histoire moderne*, t. XVII, p. 254.

distinction entre un « substrat » et ses modes, dans la mesure où il rejette tout ce qui relève du « substantivisme ».

« Concluons que le principe qui arrange toutes choses est le même que celui qui donne l'existence » ou « Modifier un être, c'est changer sa manière d'exister »[1]. Il est vrai que Condillac ne peut guère aller plus loin, sous peine de verser dans un dogmatisme métaphysique dont il a assez montré les dangers, l'inconsistance et l'imaginaire.

Cette citation du *Traité des animaux*, tout à fait dans la ligne de ce qui a précédé, ne surprendra pas : « Il n'est pas étonnant que nous ne concevions pas la création, puisque nous n'apercevons rien en nous qui puisse nous servir de modèle pour nous en faire une idée »[2]. Elle certifie bien qu'on ne part que de soi et qu'on ne peut trouver qu'en soi les lumières sur les idées supérieures. On reste enfermé dans ce soi, même si, à partir de lui, on va à l'idée d'un Créateur.

b) On a encore imaginé une productivité sourde, une sorte d'émanation aveugle – à la manière peut-être des « natures plastiques » de Cudworth : pourquoi une cause éminente et consciente ?

Pour Condillac, il suffit encore de mieux lire les effets, de s'arrêter à l'ordre et à la subordination des parties, pour qu'on refuse l'hypothèse d'un principe qui ne connaîtrait pas vraiment ce qu'il crée. Et sans même en appeler à l'Univers, retournons en nous : nous bénéficions d'une organisation – le sentir, ses potentialités, dès qu'on l'exerce – telle que nous y apercevons le témoignage irrécusable d'une quasi providence.

c) On ne rejettera pas moins l'hypothèse de plusieurs principes s'ils existaient, ils devraient être indépendants et s'ignoreraient entre eux ; on ne saurait concevoir ni connaissance des uns par les autres ni action réciproque. Ils seraient donc frappés d'impuissance, ce qui en contredit l'idée même.

1. *Traité des animaux*, p. 499, [1798, p. 573 ; p. 173].
2. *Id.*, p. 500, [1798, p. 574 ; p. 174].

Que vise, au juste, Condillac ? A travers cette controverse sur l'idée de Dieu, il poursuit, en fait, une comparaison entre l'homme et Dieu qu'il élève le plus haut possible : le premier, l'homme, en sort fragilisé et astreint à de laborieuses opérations, par opposition à Dieu ainsi conçu dans le *Traité des animaux* : « une cause première, indépendante, unique, immense, éternelle, toute-puissante, immuable, intelligente, libre et dont la providence s'étend à tout »[1].

Quant à la connaissance des principes de la morale, celle de la Loi dite naturelle, Condillac la lie à l'existence de Dieu : elle entraîne d'ailleurs le même type de question ou plutôt de réponse : a) elle ne tombe pas du Ciel, mais s'est peu à peu constituée (psychogenèse oblige) ; b) elle découle aussi de notre faiblesse. En effet, les hommes ne doivent pas se nuire et même doivent se porter secours, ou encore, exposée en sens inverse, ils ne doivent pas se guider sur leur seul plaisir et ne pas chercher leur bonheur aux dépens des autres, sinon leur propre existence se trouvera en danger.

Toutefois Condillac fonde cette « indispensable coopération » sur Dieu le Législateur qui a lui-même fixé la table générale des biens et des maux : n'est-ce pas tout d'un coup un retour à la transcendance et même à « l'*a priori* » ou à l'innéisme, dont on se défendait ? Selon le *Traité des animaux* : « Ils (les hommes) voient que c'est à lui (Dieu) qu'ils obéissent lorsqu'ils se donnent des lois. Ils les trouvent, pour ainsi dire, écrites dans leur nature. Plus encore, « Dieu est le seul principe d'où elle (la loi) émane. Elle était en lui avant qu'il créât l'homme : c'est elle qu'il a consultée, lorsqu'il nous a formés et c'est à elle qu'il a voulu nous assujettir »[2]. Incontestablement le chapitre semble écrit d'une autre encre : la morale gît surtout dans le Ciel et au fond de nos cœurs où Dieu l'a déposée ; aussi, est-elle universelle, invariable et obligatoire.

---

1. *Traité des animaux*, fin du chapitre VI, p. 506, [1798, p. 585 ; p. 179].
2. *Traité des animaux*, p. 508, [1798, p. 588 ; p. 180].

Ne vient-on pas de quitter ce qu'on nomme habituellement l'empirisme ?

En la circonstance, on semble ne plus respecter les consignes antérieures selon lesquelles on devait en rester aux effets tangibles et ne pas transgresser notre condition : ne pénètre-t-on pas ici dans le sanctuaire de l'action divine ou du moins certaines de ses modalités (la loi le précède même, puisqu'il l'a consultée) ?

Nous sommes tenu à régler cette difficulté philosophique, bien que parasitaire par rapport à l'ensemble du *Traité des animaux* et d'autant plus que nous ne croyons ni à une contradiction ni à un changement d'optique.

Dieu, la moralité et la nature coïncident donc : pourquoi les avoir scellées ? C'est que Dieu veille à notre organisation, donc à notre conservation. Il n'a pas pu nous engendrer, sans vouloir nous préserver. Or, notre faiblesse – le thème constant, la rançon de notre ouverture au monde – exige la vie communautaire, à la fois la commisération et sa conséquence, l'entraide. Mais nous n'entrons pas pour autant dans l'économie de la création, nous jugeons toujours à travers nos facultés, selon le *Traité des animaux* lui-même.

Il est cependant patent que, si l'expérience seule légitimait la loi fondamentale de la société et de la morale qui la soustend, on courrait un grave péril. Le fait ne crée pas le droit. Il faut donc trouver à ce principe une justification moins douteuse (Dieu devient alors la source d'où il émane), ce qui signifie qu'il appartient à notre nature, en est inséparable. On découvre en nous cette exigence, au cœur de notre organisation : elle ne relève plus d'une simple « lecture de fait » mais exprime notre condition native. Condillac n'a pas oublié sa méthode : la loi dérive de notre faiblesse statutaire, telle qu'elle exige obligatoirement « des échanges » et des soutiens.

Dieu garantit ce lien indéchirable que nous éprouvons : nous ne pouvons pas vivre en dehors de la société, donc, nous avons été conçus pour « l'association » ou le commerce.

Autre et immédiate inférence : il saute aux yeux qu'en ce monde les justes atteignent rarement au bonheur, alors que les méchants sont parfois gorgés d'avantages, bien qu'ils violent les lois et même parce qu'ils ne les respectent pas. Condillac n'outrepasse pas le plan des effets : il ne regarde bien qu'eux. Il est alors nécessairement amené à prévoir une vie future où les bons mériteront des récompenses éternelles et où les égoïstes seront enfin châtiés. N'est-ce pas une quasi certitude ?

A partir de là, Condillac conclut à l'immortalité de l'âme, puisqu'il lui faudra rendre des comptes. L'immatérialité de l'âme n'entraîne pas son inextinction : ne lions pas ou ne lions plus les deux ! Du moment que nous avons été créés, nous pouvons également rentrer dans le néant. Puisque les bêtes, précisément, n'entrent pas dans la vraie moralité (la connaissance des lois), rien n'autorise pour elles la croyance en une vie au-delà de leur mort, d'où la formule « leur âme est donc mortelle ».

Condillac, que nous résumons, échappe donc à la logique classique pour laquelle seule la matière s'anéantit (parce que composée et fragmentable) alors que le simple (l'indivisible aussi) ne peut que perdurer. Rien en lui ne se corrompt – il est ce qu'il est – donc, il doit subsister. Mais Condillac refuse d'user de ces raisonnements qu'il tient pour spécieux : ils portent sur des êtres, par définition, inconnaissables. On ne saurait entrer dans les causes, on doit s'en tenir aux données.

Pourquoi et comment Dieu peut-il supprimer des substances, celles des animaux ?

Condillac tente de répondre à ces questions scabreuses : on risque vite, en effet, de déraper. Il achève ce chapitre relatif à la moralité par cette conclusion : « Quoique l'âme des bêtes soit simple comme celle de l'homme et qu'à cet égard il n'y ait aucune différence entre l'une et l'autre, les facultés que nous avons en partage et la fin à laquelle Dieu nous destine démontrent (…) qu'elles différent infiniment. Notre âme n'est donc pas de la même nature que celle des bêtes » [1].

On notera que la référence à nos facultés sert de guide ou de constante référence. On ne quitte pas ce sol.

Il nous semble justement que l'âme des bêtes est davantage liée à leur corps – un corps rudimentaire, donc, un psychisme faible – à leurs besoins peu nombreux et frustes, dont elles ne s'éloignent jamais, bref, une immersion qui bouche leur avenir et empêche la moindre « transposition » (telle celle qu'opère le langage qui allège, unifie et éclaire le monde), ce qui explique leur cessation avec leur mort. Il est sûr aussi que Condillac participe au moins indirectement à la théorie de l'échelle des êtres (on va du moins au plus) puisqu'il nous situe d'ailleurs ouvertement entre l'animal et l'ange. Or, ce qui convient aux uns ne peut pas valoir pour les autres : respectons la gradation qui conduit au sommet !

Ce chapitre a beau nous abreuver de certitudes métaphysiques (sur la Loi, la justice, l'immortalité, la vie future) celles-ci sortent bien de l'expérience : on se borne à mettre en lumière ce qui est impliqué par ou en elle (la vie future par exemple). Seule la logique de l'identité continuée le veut : elle prolonge le contenu d'une « situation fondamentale » originaire, celle de notre faiblesse, donc, celle d'un secours indispensable et la sanction pour ceux qui se dérobent à la mutualité.

Descendons alors la pente : les trois derniers chapitres du *Traité des animaux* (les passions ou le VIIIᵉ, les habitudes ou le IXᵉ, l'entendement et la volonté, principalement la volonté ou le Xᵉ) exposent donc le système de l'action, que l'idée de Dieu a ouvert ; sur ce nouveau terrain, Condillac achève la comparaison (ou l'opposition) entre l'homme et l'animal. Et ne manquons pas de signaler, sans attendre, que les différences

---

1. *Traité des animaux*, p. 510, [1798, p. 592 ; p. 182].

surgissent mieux ici que précédemment : on saisit la frontière ou la ligne de partage. Au début, dans le feu de la querelle livrée à Descartes et à Buffon, on tendait à diminuer l'écart ; à la fin on l'accuse.

1) On ne sera pas étonné d'apprendre que l'animal vit dans le momentané, qu'il est livré à des besoins essentiellement physiques (le boire et le manger, le territoire et la lutte pour celui-ci, etc.). L'homme bénéficie d'un très net élargissement de sa sphère d'activité : ainsi l'idée de la mort déjà ouvre ses passions vers l'avenir (« les bêtes n'ont aucune idée de la mort », selon le *Traité des animaux*[1]) et entretient, exacerbe même le désir de se conserver.

N'excluons pas un changement ! A lire l'*Histoire ancienne* et l'examen par Condillac des « hommes sauvages » (eux aussi animés par des besoins, celui de la nourriture et de la défense[2]), on note alors une relative proximité par rapport aux bêtes. Nous savons aussi que l'évolution des sociétés semble marcher du même pas que celle des sujets individuels : pour les deux, Condillac prévoit progrès et acquisition.

En toute hypothèse, le renouvellement et l'ampleur du champ humain, tel que le définit Condillac, intensifie la vie sociale et morale, introduit dans un véritable tourbillon, mais à un tel point que, à la fin, nous ne vivons plus que « du désir ». Celui-ci se sépare du besoin, réservé à l'animal et de nature principalement physique : il se caractérise par son aspect psycho-moral et surtout son indéfini (il est le « sans objet »). A peine satisfait, il renaît sous un autre forme et ainsi de suite. Condillac le note expressément : « Désirer est le plus pressant de tous nos besoins : aussi, à peine un désir est satisfait, que nous en formons un autre. Souvent nous obéissons à plusieurs

---

1. *Traité des animaux*, p. 511, [1798, p. 595 ; p. 184].
2. *Histoire ancienne, Cours d'étude*, t. IX, p. 36.

à la fois. (…) Nous ne vivons plus que pour désirer et qu'autant que nous désirons »[1].

En somme, l'animal se contente de bien peu et vite, mais l'homme part toujours à la recherche d'autres biens. Le premier, l'animal, tombe peu à peu dans la léthargie, alors que l'homme toujours aspire.

Un philosophe de la prétendue passivité n'aurait pas écrit ce qui suit : « Nous ne sommes heureux qu'autant que nous agissons, qu'autant que nous exerçons nos facultés »[2]. Non pas que Condillac nous prête une sourde inquiétude, ou bien nous veuille remuants et déçus !

Une mutation s'est opérée, encore que Condillac n'ait pas renoncé à ses définitions initiales, celles d'un animal emprisonné dans ses satisfactions, alors loin de l'homme, à la recherche de ce qu'il n'obtiendra pas, le désir en et pour lui-même.

2) L'examen des habitudes qui suit permet de mieux mesurer le décalage : elles sont peu nombreuses chez les bêtes ; l'homme souffre, au contraire, de leur richesse, ainsi que de leur désaccord entre elles. « Les habitudes des bêtes font un système moins compliqué, parce qu'elles sont en petit nombre. Elles ne supposent que peu de besoins, encore sont-ils ordinairement faciles à satisfaire »[3]. On retrouve les caractéristiques attendues de l'uniformité, du rudimentaire et de l'extrême pauvreté.

Du fait de leur multiplicité, nous risquons le désordre ou une conduite déréglée : inévitable choc en retour de la supériorité, l'erreur, soit pratique, soit théorique, nous guette. L'animal, en sens inverse, se trompe rarement, donc ne s'égare pas. Condillac, en conséquence, nous demande de « reprendre nos

---

1. *Traité des animaux*, p. 512-513, [1798, p. 597-598 ; p. 185].
2. *Id.*, p. 515, [1798, p. 601 ; p. 187].
3. *Id.*, p. 517, [1798, p. 605 ; p. 189].

idées », de refaire notre propre esprit et de remettre de l'ordre tant dans nos actions que dans nos évaluations.

Il jette surtout les bases d'une éducation qui devrait nous sauver : apprendre à l'enfant à penser plutôt que des pensées ! Mieux encore, avant Jean-Jacques Rousseau, Condillac préconise une véritable révolution pédagogique : « Il faudrait craindre d'étouffer notre curiosité en n'y répondant pas, mais il ne faudrait pas aspirer à la satisfaire entièrement. (…) Qu'il soit sage de laisser subsister une partie de sa curiosité, de ne pas lui dire tout et de ne lui rien dire que de vrai ! Il est bien plus avantageux pour lui (l'enfant) de désirer encore d'apprendre que de se croire instruit, lorsqu'il ne l'est pas, ou, ce qui est plus ordinaire, lorsqu'il l'est mal »[1]. Le *Traité des animaux* va encore plus loin, puisque quelques lignes après celles que nous venons de mentionner, Condillac se moque des « esprits prématurés » qui deviennent « après quelques années des prodiges de bêtise ».

On n'oubliera pas ces fortes remarques si conformes à une philosophie du développement naturel et de la réflexivité : on n'apprend que par soi-même et par un retour sur ses erreurs. De plus, n'acceptons rien : tout s'acquiert et se génère !

3) Enfin, dans le dernier chapitre (le dixième) on montre et soutient que l'homme dépasse l'animal, tant par l'entendement que par le vouloir. Soit. Condillac récuse d'ailleurs les notions d'entendement et de volonté, de même qu'il avait préalablement évincé celles d'instinct et de raison, des mots qui voilent les opérations et leur substituent des entités creuses. Restons-en aux actes seuls ou aux effets !

Toutefois, tombe une ultime remarque, comme si on achevait avec elle le bilan comparatif, selon laquelle l'homme s'éloigne tout d'un coup de l'animal, non pas à cause de l'entendement (« les bêtes, comme on sait, raisonnent »), pas par la volonté, mieux, la liberté qui signe une infranchissable

---

1. *Traité des animaux*, p. 521, [1798, p. 612 ; p. 192].

distance : « On ne dispose de rien quand on ne fait qu'obéir à ses habitudes : on suit seulement l'impulsion donnée par les circonstances. Le droit de choisir, la liberté n'appartient donc qu'à la réflexion. Mais les circonstances commandent les bêtes, l'homme, au contraire, les juge : il s'y prête, il s'y refuse, il se conduit lui-même, il veut, il est libre »[1].

On ne va pas du « moins au plus », comme antérieurement, mais on découvre un immense fossé, celui qui sépare ce qui est (la liberté), de ce qui n'est pas, et qui ne peut pas être. L'animal ne sortira pas de sa servitude.

N'est-ce pas une surprise ? Est-ce en harmonie avec l'ensemble du Système ? Il ne le semble pas : a) D'une part, on n'a pas cessé de reconnaître une certaine volonté aux animaux, puisque « désirer, aimer, haïr, avoir des passions, craindre, espérer sont des manières de penser qui appartiennent à la volonté et ces deux facultés (l'entendement et la volonté) ont une origine commune dans la sensations »[2]. La source unique d'où tout dérive appartient bien à tous les vivants (la sensorialité en exercice), ce qui tend à prouver qu'on ne peut pas priver les animaux d'une fonction psychologique majeure (l'auto-détermination). Ou alors le système s'effondre sous ses propres coups. b) D'autre part, on avait accordé aux animaux l'inventivité minimale, le pouvoir d'animer des conduites relativement neuves et surtout celui de ne pas céder aux seuls stimuli externes. On s'était en partie aligné sur les travaux de Réaumur. Pourquoi, à la fin, tout remettre en cause, effacer ces nuances ou ce rapprochement relatif, afin de plonger la bête dans l'automatisme et sans doute dans la stupidité ? c) Enfin, ajoutons qu'avec le *Traité des sensations* Condillac publia une *Dissertation sur la liberté*, destinée, selon lui, à montrer les avantages de la méthode suivie dans le dit *Traité des sensations*. On applique donc les règles de la nouvelle

1. *Traité des animaux*, p. 529, [1798, p. 626 ; p. 198-199].
2. *Id.*, p. 527, [1798, p. 623 ; p. 197].

philosophie et la statue accède à cet épanouissement, une décision qu'elle prend en connaissance de cause, lorsqu'un désir par exemple s'oppose à d'autres. Il lui a fallu délibérer et choisir. Elle exerce sa préférence. De là, dans cette *Dissertation* d'esprit psycho-génétique, des formules qui ex- cluaient le *fiat* absolu : « La liberté ne consiste donc pas dans des déterminations indépendantes de l'action des objets et de toute influence des connaissances que nous avons acquises. Il faut bien que nous dépendions des objets (…) puisque nous avons des besoins ». Ne faut-il pas alors noter, par rapport au *Traité des animaux*, un changement de ton ?

Nous n'esquissons qu'une possible réponse en présence d'affirmations très légèrement discordantes.

D'abord, il n'en demeure pas moins vrai et incontestable que, sans quitter le monde – on ne s'évade pas – l'homme seul le met à distance, sans le perdre, au contraire ; il le juge et pourra d'ailleurs le modifier, puisque le *Je veux* remplace alors le *Je sens*, qui culmine en lui, tandis que l'animal lui reste toujours et entièrement soumis.

Toutefois, on ne saurait refuser à l'animal au moins « l'ombre de la liberté », une sorte de liberté d'indifférence : ainsi, il peut courir à droite ou à gauche.

Prenons au pied de la lettre le texte du *Traité des animaux*, lorsqu'il affirme que le « Le *Je veux* signifie encore qu'elle (une chose) est l'objet de mon choix : or, on ne choisit que par- mi les choses dont on dispose. On ne dispose de rien quand on ne fait qu'obéir à ses habitudes : on suit seulement l'impulsion donnée par les circonstances »[1]. Si la bête suit l'impulsion donnée par les circonstances, comme on l'insinue nettement, alors, on retourne au machinisme animal, à la montre même qu'on a tant exclu. On verse dans la pire des contradictions, le reniement de tout.

---

1. *Traité des animaux*, p. 529, [1798, p. 626 ; p. 198].

On ne doit retirer aux animaux que la vraie et pleine liberté qui implique la délibération, encore que la statue, qui correspond sans doute au degré zéro et hypothétique de la sensorialité, n'en ait pas été privée : il faut juger et opter en faveur d'un acte, qui suppute ses conséquences à longue échéance, ce à quoi l'animal ne saurait prétendre puisqu'enfermé dans le « momentané ». On ne peut pas pour autant le plier au déterminisme.

On retiendra surtout de cette discussion, comme de cette incertitude finale, que l'homme se sépare de l'animal non pas à cause de ses idées ou de la pensée (l'entendement, voire la ruse), mais à cause de sa perfectibilité (l'homme est un « copiste ») et surtout d'un acte qui, pour être naturel, ne nous en autonomise pas moins par rapport à cette nature (on transcende les circonstances, puisque, comme le dit le texte, on « s'y refuse »). On ne peut pas aller plus loin.

C'est la faiblesse de l'homme qui a permis cette libération relative : elle suppose, en effet, un vide grâce auquel l'homme peut s'affirmer. A l'animal, la nature ne laisse pas ou si peu la possibilité de se manifester : elle a tracé sa conduite. Il y gagne par ailleurs et ne connaît pas l'indécision. On revient par là au thème essentiel du *Traité des animaux*, celui qui en constitue, selon nous, l'originalité et l'unité profonde.

Conclusion

Le texte de Condillac, le *Traité des animaux* nous a semblé aussi important que les ouvrages qui l'ont précédé : il mérite même une place à part dans l'œuvre, parce que le système en voie d'élaboration s'y enrichit et tente de s'y unifier.

Dans le *Traité des sensations*, Condillac soutient que les questions bien établies sont des questions résolues, une formule qu'on reprendra plus tard ! « La difficulté, poursuit-il, est donc de les bien établir et souvent elle est grande, surtout en métaphysique »[1].

Il nous parait que le *Traité des animaux* pose excellemment et clairement le problème, mais il ne serait pas parvenu pour autant à le résoudre : nous demandons le droit de ne pas cacher, en conclusion, nos réticences et même notre refus de l'ensemble.

1) La solution semble d'abord assez oscillante, sinon ambiguë. Tantôt l'animal et l'homme divergent du tout au tout. La preuve ? « Notre âme n'est pas de la même nature que celle des bêtes »[2]. Entre elles, on installe un infranchissable espace : « L'homme nous parait différer de l'Ange et l'Ange de Dieu même, mais, de l'Ange à Dieu la distance est infinie,

---

1. *Op. cit.*, t. III, p. 28.
2. *Traité des animaux*, p. 510, [1798, p. 592 ; p. 182].

tandis que de l'homme à l'Ange elle est très considérable, et sans doute plus grande encore de l'homme à la bête » [1].

Mais on n'a pas cessé de les rapprocher aussi : l'instinct, un terme qu'on doit gommer, se définit comme « un commencement de connaissances ». Les bêtes ne sont éloignées de nous que par des degrés, et avec quelle insistance Condillac répète le « du plus au moins ». L'une (la bête) contient d'ailleurs en germe tout ce que l'autre (l'homme) déploiera.

Si on se place aux deux extrémités d'une corde, on les tiendra évidemment pour éloignées, et sans qu'elles puissent même se confondre vraiment, mais on peut également soutenir qu'elles appartiennent au même ensemble (la même corde) et qu'elles ne se sépareront jamais. Cette double description – l'opposition et l'unité – maintient une équivoque, de même pour le *Traité des animaux*, au double registre.

Condillac ne veut pas abaisser l'animal, par peur de devoir reconnaître à la machinerie – aux montages et aux dispositifs – des propriétés qui l'excèdent, mais il ne tient pas non plus à l'exhausser trop, afin de préserver l'éminence de l'homme, et, donc, il creuse le plus possible, dès qu'il le faut, la différence.

Il gagne donc sur les deux tableaux, il passe même de l'un à l'autre, selon le moment de la discussion.

2) Plus grave, pour continuer dans l'irrévérencieux, le texte de Condillac contient de très nombreuses reprises d'auteurs qui ont, avant lui, examiné la même question : son *Traité*, rempli de belles remarques, n'en souffre pas moins de l'emploi de « collages ».

Non seulement son analyse y perd parfois en originalité, mais elle inclut éventuellement des morceaux qui s'ajustent mal avec ceux dans lesquels ils s'insèrent.

Dès 1727, David Boullier publiait son *Essai philosophique sur l'âme des bêtes, où l'on trouve diverses réflexions sur la nature de la liberté, sur celle de nos sensations, sur l'union de l'âme et du corps, sur l'immortalité de l'âme :* or, on lit

---

1. *Id.*, p. 486, [1798, p. 549 ; p. 162].

souvent, mot pour mot, ce qu'on découvre ensuite chez Condillac. Pourrait-on citer une seule proposition ou une discussion de l'un, que l'autre ne lui aurait pas, peu ou prou, empruntée ? La similitude va tellement loin ! Nous en accusons d'autant moins Condillac, que, souvent, les écrivains du XVIIIᵉ siècle se sont en quelque sorte transvasés eux-mêmes les uns dans les autres.

Boullier veut aussi pour les animaux « une âme spirituelle, bien que mortelle » et, en conséquence, il part en guerre contre Descartes, bien qu'il le crédite aussi de mérites exceptionnels. L'écart entre l'animal et l'homme relève du plus et du moins, en ce sens que l'âme des bêtes, seulement plus bornée, ne s'élèverait pas jusqu'à l'idée de Dieu ou à la moralité, mais les deux âmes dérivent également de la sensation qui se transforme : « A ne considérer que l'âme humaine, la seule sur qui nous puissions parler autrement que par conjecture, quoiqu'encore nous la connaissions si peu, les diverses facultés nous paraissent tellement enchâssées l'une dans l'autre, il y a une si étroite dépendance entre ses divers attributs à nous connus, que, dans le moins noble, qui est la sensation, tous les autres sont en quelque sorte enveloppés. Il semble que le développement de la sensation les produise tous et nous avons en faveur de cette opinion l'expérience des progrès que fait l'âme humaine »[1]. Boullier commente donc la distance entre l'homme et l'animal, qui parvient mal à l'abstrait et s'enlise dans le concret.

Nous demandons à aligner trois textes qui devraient confirmer cette étonnante proximité entre les deux théoriciens :

a) Boullier semble bien avoir devancé Condillac, quant à la solution globale de leur problème commun : « Ce qui semble relever l'instinct des animaux au dessus de notre raison est précisément, si l'on y prend garde, ce qui le met fort au dessous d'elle, je veux dire la manière sûre, constante, infaillible dont il opère. (…) Or, toute raison bornée a ses mécomptes, ses

1. *Op. cit.*, t. II, p. 19.

erreurs, ses écarts » [1]. L'oiseau construit un nid solide, alors que l'enfant édifie des châteaux de cartes qui s'effondrent souvent.

b) Au sujet de l'immortalité de l'âme humaine, Boullier argumente ainsi : « La raison nous apprend que notre âme a un commencement de son existence, qu'une cause toute puissante et souverainement libre l'ayant une fois tirée du néant la tient toujours sous sa dépendance et la peut faire cesser d'être dès qu'elle voudra, comme elle l'a fait commencer d'être dès qu'elle a voulu. Je ne puis m'assurer que mon âme subsistera après la mort. (…) La même révélation qui m'apprend que l'âme humaine est immortelle m'apprend aussi que celle des bêtes n'a pas le même privilège. Ainsi, quoique l'âme des bêtes soit spirituelle... » [2]. Condillac lui emboîte bien le pas.

c) Les positions respectives de l'animal, de l'homme, de l'Ange et même de Dieu nous valent, de la part de Boullier, de larges considérations sur chacun d'eux en particulier : Condillac les reprendra à peu près textuellement : « Malgré le progrès continuel des connaissances humaines, on remarque que notre esprit a certaines bornes qu'il est impossible au plus habile homme du monde de franchir. (…) Dieu semble avoir dit aux plus vastes génies comme il l'a dit à la Mer : vous n'irez que jusque-là. (…) Ces vérités incompréhensibles pour nous, parce que nous sommes hommes, un Ange les conçoit peut-être évidemment parce qu'il est Ange. Il y a des idées dont nous ne sommes pas susceptibles » [3].

Il faudrait multiplier les citations, mais le principe doxographique que nous appliquons, assez destructeur, nous conduit, par certains côtés, à une impasse, parce qu'il faudrait aussi suivre ou rechercher ceux que Boullier recopie. On ne sort pas du marécage des influences et des incessantes transpositions !

---

1. David Boullier, *Essai philosophique sur l'âme des bêtes*, t. II, p. 189.
2. *Id.*, p. 282-283.
3. *Id.*, p. 51 et p. 54.

On ajoutera, malgré tout, que le parallèle entre l'homme et l'Ange, lui-même symétrique de la comparaison entre l'homme et l'animal, dont traitent autant Boullier que Condillac, leur aura été probablement imposé par l'ancienne et importante Dissertation de Cureau de la Chambre, le *Traité de la connaissance des animaux où tout ce qui a été dit pour ou contre le raisonnement des bêtes est examiné* (1648) : ce spécialiste anti-cartésien des bêtes met sur le même rang l'Ange et l'homme, mais également l'animal, capable, selon lui, des raisonnements les plus sophistiqués comme du langage articulé. Or, l'Ange ne ferait pas exception : « L'ordre de la nature veut que s'il y a en nous quelque faculté ou action qui se doive communiquer à des esprits si purs et si parfaits, ce doit être la plus noble et la plus excellente : or, par le consentement de tous les philosophes la troisième opération de l'Entendement (raisonner en un moment) est plus noble (…) et partant il faut que ce soit elle qui nous soit commune avec eux »[1]. Les Anges échappent à la successivité, mais nous parvenons à les rejoindre.

Renonçons aux problèmes de priorité et de filiation ! Nous tenions seulement à mettre en évidence que le texte de Condillac, le *Traité des animaux*, baigne dans de vastes courants théologico-philosophiques.

Il n'en demeure pas moins vrai que Boullier porte davantage l'accent sur les interrogations religieuses (sur Dieu, la liberté, l'immortalité). Condillac se singularise par des analyses plus fines et plus radicales sur la sensorialité (ainsi, Boullier continue à accorder à la vue ses privilèges ; il se sépare en quelque sorte à l'avance de la conception condillacienne qui lui enlèvera cette importance dans le *Traité des sensations*), par une logique plus serrée et aussi par le fait qu'il prête moins d'intérêt que Boullier à la conduite animale en tant que telle.

1. *Op. cit.*, p. 118.

Pour Condillac, dans son *Traité des animaux*, l'animal sert principalement d'instrument méthodologique, telle une « néo-statue vivante » : aussi, les récits pittoresques et parfois romancés sur les hirondelles, sur les renards [1], sur les abeilles inévitables, sur les castors et les éléphants, envahissent plus l'ouvrage de Boullier (ceux de Buffon aussi) que le livre de Condillac qui se borne, à ce sujet, à des allusions rapides.

Boullier soulève aussi des questions en rapport avec la religion et les vérités révélées : si nous avons mis en avant « les parties communes » – et elles sont légion – ne cachons pas qu'on trouve aussi chez l'un ce qu'on ne verra plus avec son successeur.

Les suppressions comptent autant – parfois même davantage – que les emprunts. Il nous parait juste d'en donner au moins un échantillon : Boullier répond à des inquiétudes

---

1. Nous aurions souhaité – nous ne cachons pas nos goûts ! – dresser un catalogue qui exposerait la carte des descripteurs-découvreurs des prouesses animales.

Qui a pénétré, en quelque sorte, dans l'association des éléphants ou la bande des renards ou le groupement organisé des castors ? Chaque animal est entouré de sa légende (laquelle) et chacun d'eux a été célébré (mais par quel historien ?).

Il nous faudrait trois colonnes : celle de la bête, celle de ses performances reconnues, enfin le nom et la date de celui qui les a révélées.

Bornons nous à rappeler ce que Willis a rendu public, le stratagème du renard, dont La Fontaine a pu avoir connaissance : « Certain renard (on sait combien cet animal est inventif et rusé) voulant attraper un coq d'Inde qu'il voyait perché sur un arbre la nuit au clair de la lune s'avisa de ce stratagème. Ne pouvant grimper sur l'arbre pour y atteindre sa proie, il se met à tourner autour avec une extrême rapidité, tenant toujours les yeux attachés sur elle. De son côté, le coq d'Inde attentif à tous les mouvements de son ennemi faisait autant de tours de tête pour ne le point perdre de vue jusqu'à ce qu'étourdi par ce manège il tombe de l'arbre entre les pattes du renard » (Willis, *De anima bruti*, chap. VI).

Boullier a expliqué, à sa façon, cette conduite : « De l'impression qui le (le renard) pousse vers cet oiseau et de l'obstacle qui l'arrête, il en résultera un mouvement circulaire autour de l'arbre, mouvement d'autant plus rapide et soutenu que le désir sera plus fort. Ce tournoiement du renard étant aperçu du coq d'Inde lui fera faire ces tours de tête qui, venant à l'étourdir, causeront nécessairement sa chute » (*De l'âme des bêtes*, t. II, p. 237).

métaphysiques, suscitées par l'âme des bêtes. Ainsi : « La structure d'un ciron est-elle moins admirable que celle d'un éléphant ? En quoi donc paraît-il moins digne que l'éléphant de posséder une âme spirituelle ? Serait-ce à cause de la petitesse de son volume ? Une telle pensée n'est pas digne d'un esprit philosophe. Mais l'innombrable multitude de ces âmes et leur immense diversité vous confond ; à quoi bon, direz-vous, une âme à la mouche, à la puce, au ciron ? »[1]. Et quelques lignes auparavant : « Les reptiles et les poissons auront donc aussi la leur, aussi bien que les oiseaux et les quadrupèdes ? Il en faudra supposer d'autant d'espèces qu'il y a d'espèces d'animaux. Chaque moucheron, chaque ver, la puce, la mite, le ciron auront chacun une âme à sa mode. Ces légions d'insectes dont on n'a point encore pu compter les différents ordres (…) qui pour la plupart n'ont que quelques jours de vie et qui se multiplient à l'infini ». Alors Dieu peut-il supporter un tel encombrement ?

Drame voisin, concernant toujours le créateur : si Dieu a donné une âme à la mouche, il a su et accepté le fait que l'hirondelle s'en nourrisse ?[2]. Comment tolérer que l'une puisse anéantir l'autre ?

Boullier le théologien défend la Providence, finit dans de larges considérations sur la résurrection des corps et la magnificence de l'univers des vivants : en somme, il se préoccupe peut-être plus de Dieu que de l'homme, à la différence de Condillac qui ne perd donc, à travers et malgré notre analyse de ses « collages », ni de sa vigueur ni de sa rigueur philosophique.

Nous tenions toutefois à montrer qu'il créait lui-même moins qu'il ne déplaçait le centre de gravité des informations.

3) Réserve encore : on doit d'abord savoir gré à ces auteurs, Boullier, Condillac, d'avoir écarté une conclusion qui les aurait débarrassés du problème – il est vrai, à trop bon

---

1. *Op. cit.*, p. 407-408.
2. *Op. cit.*, p. 325.

compte – celle des scolastiques, celle des « âmes substantielles ». On admet alors entre la matérialité et l'intelligence « un intermédiaire » capable de vie et d'action, autrement dit « l'âme sensitive ». Le Père Fardies avait su moderniser cette solution. Il avait aussi, très bien réfuté l'automatisme cartésien et imposé cette « âme médiane », capable par elle seule de sentiment et de connaissances concrètes.

Son ouvrage comporte des arguments incisifs, destinés à combattre la conception des « animaux seulement machines », tel celui-ci qu'on ne manquera pas de reprendre : « Lorsqu'un jongleur nous fait voir des marionnettes qui marchent, qui parlent et qui font des actions semblables aux nôtres, nous ne doutons point qu'il ne nous trompe. (…) Or, faire ainsi ce qui nous peut porter naturellement à juger que des marionnettes sont des hommes, c'est nous tromper »[1]. Quelques lignes suivantes : « Si toutes les bêtes n'étaient que de pures machines, que pourrions-nous dire de celui qui nous les présenterait et qui les ferait jouer devant nous comme des marionnettes ? (…) Il nous semble que ceux qui nous parlent ainsi de machines nous en proposent l'auteur comme le plus habile de tous les jongleurs ».

Pardies, lui aussi, accorde beaucoup aux bêtes ; lui aussi table sur la distinction qu'il fonde entre « un moi d'habitude » – la relative mécanisation chez les vivants, qui anime autant l'animal qu'une part importante en l'homme – et « le moi de réflexion », propre au seul sujet raisonnable et attentif : de cette distinction, Condillac fera explicitement usage (chapitre V, seconde partie) : « Il y a deux "moi" dans chaque homme, le moi d'habitude et le moi de réflexion ».

Exemple clair donné par Pardies : « Nous n'avons qu'à faire réflexion sur ce qui arrive en lisant un livre avec quelque application. Nous somme attentifs au sens des paroles et nous n'avons nulle attention à considérer les lettres qui font par leur

---

1. Gaston Pardies, *Discours de la connaissance des bêtes*, 1672, p. 227 et p. 228.

diverse figure et par leur arrangement toute la suite du discours. Nous ne prenons pas garde si les caractères sont bien
formés ou non »[1].

Mais ni Condillac, ni Boullier, ne veulent aller et n'iront
dans cette direction : ils comprennent que, par là, on se contente trop de baptiser la difficulté. On crée « le substantia-
lisme », ou des entités chargées de fournir l'apparence d'une
explication. Nul, autant que Condillac, n'a condamné le sta-
tisme qu'implique aussi cette philosophie.

Condillac frappe ici par sa netteté : il convient, selon lui,
d'engendrer l'instinct même, ou encore l'appétit, bref, de ne
rien supposer préalablement à la pure et seule corporéité, dans
son moment le plus minimal, la sensation. On abandonnera
tous les termes habituels, y compris, à la limite, celui de besoin, dont on usera, mais après l'avoir tiré de l'agréable ou du
désagréable.

Bien qu'il ait tenu à écarter la réponse des scolastiques,
qu'il considère comme sans fondement, Condillac ne manque
pas, malgré lui, de la reprendre à sa façon : lui aussi admet des
paliers infranchissables et la dualité qu'il souhaitait éviter à
tout prix. D'avoir tacitement admis « l'échelle des êtres »
savamment gradués, de l'animal à Dieu, d'avoir posé des bar-
rières, telles que les acquisitions des uns ou des autres ne
pourront jamais les renverser ; ne supprime-t-il pas, au moins
de biais, ce qui inspirait sa propre philosophie ? La psychogé-
nèse, la théorie de la modification jusqu'à l'accession au sommet relativement autonomisé n'est-elle pas remise en cause ?
On a chassé le vocabulaire de la scolastique, mais on en conserve l'essentiel (les âmes, celle de l'animal et celle de l'homme, appartiennent à deux mondes différents, « elles ne sont pas
de même nature » comme l'écrit le *Traité des animaux*).

Ainsi que de réserve et de flottement !

Avouons aussi que la conception des « animaux-
machines » contre laquelle on s'est déchaîné – la conception

1. *Op. cit.*, p. 159.

de Descartes, mal comprise par les Cartésiens – comportait au moins de belles promesses, déjà celle de simuler la conduite animale et d'en proposer un modèle assez adéquat. La montre et l'orgue n'en donnaient qu'une image affaiblie ; Descartes entrevoyait ou inspirait des montages plus élaborés et auto-régulés.

L'artificialisation – que nous préférons à tout ce qui exalte la seule nature, qu'on est conduit à admirer – ne manquait pas d'audace : elle nous acheminait tout droit à Vaucanson et au renouveau des machines, celles que l'industrie textile allait mettre en œuvre.

Or, pour sauver la pensée qui ne courait aucun risque véritable, Condillac et son École blâment l'orientation biomécanique : ils lui préfèrent la vitalité, notamment la corporéité ; ils nous enferment dans le labyrinthe sensoriel complexe.

Allons même plus loin : le condillacisme, si déformé d'ailleurs, allait susciter inévitablement une correction, c'est-à-dire, ici, une amplification, qui ouvre alors l'entrée dans l'abîme de la pure subjectivité (le Biranisme).

Hâtons-nous d'effacer cette remarque partisane, plaintive et négative, d'autant plus que, dans ses œuvres mêmes, Condillac devait multiplier les remarques les plus vives, ajuster des arguments coupants (et dans le *Traité des animaux* quel polémiste !), tirer le meilleur parti d'expériences ou de situations anthropologiques d'exception, que sa philosophie appelait : telle, celle de l'enfant de Chartres, un sourd qui s'ouvre tout d'un coup à la voix, celle de l'abandonné dans les forêts de Lituanie, un jeune sujet qui entrera ensuite dans la société des hommes, sans oublier le si célèbre aveugle-né qu'on opère et qui pourra voir le monde et sa lumière pour la première fois. Dans les trois cas, on s'efforce de ressaisir « la primitivité » dont on espère pouvoir dériver le reste. Nul, autant que Condillac, n'est parti aussi inlassablement à la recherche des commencements : l'animal en constitue d'ailleurs « une figure » ; il signifie à peu près le « degré zéro » de la vitalité, et on examinera sur lui jusqu'où il peut aller.

L'œuvre de Condillac, qu'on dit froide, austère, voire insipide, renferme de nombreuses analyses, des références et des témoignages (des documents) qui démentent cette appréciation : le *Traité des animaux* lui-même n'autorise pas un tel jugement.

Cette philosophie continuera par la suite de s'agrandir : dans l'un de ses moments les plus novateurs – *Du commerce et du gouvernement considérés relativement l'un de l'autre* (1776) – elle abordera de front la vie politico-économique, reprendra sa théorie des besoins, de l'échange, en même temps qu'elle livrera la guerre aux monopoles et aux intérêts privés. Condillac en appellera à une théorie de la croissance et du développement qui ne se limite pas à la seule agriculture (la critique de la physiocratie dominante). Les ouvrages posthumes sur la *Logique* (1780) et sur *La langue des calculs* (1798) découvriront encore d'autres horizons.

Il reste vrai qu'il travaille pour l'évolution et le changement à tous égards et dans tous les domaines, mais aussi, en même temps, défend le traditionnel : le *Traité des animaux* relève aussi de ces deux mouvements contraires.

On retiendra encore que non seulement Condillac s'est informé des sciences, des arts, des techniques et donc des discussions de son époque, mais quel philosophe, autant que lui, peut se prévaloir d'avoir pesé sur leur avenir (Lavoisier, Lamarck, Pinel, pour ne citer qu'eux, le chimiste, le zoologiste, le médecin s'en réclameront) ? Le *Traité des animaux* a laissé amplement apercevoir son aptitude à participer aux questions les plus brûlantes, comme à recueillir la plus belle moisson de données nouvelles.

1er octobre 1987

TABLE DES MATIÈRES

ACHEVÉ D'IMPRIMER
EN SEPTEMBRE 2004
PAR L'IMPRIMERIE
DE LA MANUTENTION
A MAYENNE
N° 279-04

Dépôt légal : 3ᵉ trimestre 2004